LE PAPIER CRÊPON

Texte,
créations et croquis
d'Edith BARKER

Photos
de
Boris TEPLITSKY

FLEURUS
IDEES

EDITIONS FLEURUS - 31, RUE DE FLEURUS - 75006 PARIS

DANS LA MÊME SÉRIE

Titres disponibles :

101. Joies de l'émail
104. Jouez avec la feutrine
105. Joies de la couleur
106. Les perles
108. Bijoux en métal
109. L'émaillage à froid
110. Les bougies (nouvelle édition)
111. Teintures et batik
112. Fantaisies en cuir
113. Avec l'éclisse de rotin
114. Insectes des champs et des bois
115. La fête des fleurs
116. Brins de laine
117. Initiation à la sérigraphie
118. Le métal liquide
119. Inventez vos broderies
120. Le vernis liquide
121. Le modelage sans cuisson
122. Le patchwork
123. « Peindre » avec du papier
124. Les granulés fondants
125. Marottes et marionnettes (nouvelle édition)
126. Métamorphoses des emballages
127. Cordes et ficelles (nouvelle édition)
128. Jouez avec les adhésifs
129. Le papier crépon
130. Reliures à ma façon
131. Travaux de feutrine
132. Clous et fils
133. Vive le macramé !
134. Peintures et impressions sur tissus
135. Jeux de papier
136. Le non tissé
137. Avec des éléments métalliques
138. Jeux de mosaïques
139. La paille de papier
140. Clous et fils 2
141. Poupees de laine, poupees de chiffons

DANS LES AUTRES SÉRIES

Série 100 : Livres et jeux d'activités.
Série 104 : Ouvrages particulièrement orientés sur la connaissance et la découverte de la nature..
Série 107 : Spécialement destinée à ceux qui s'occupent des petits jusqu'à 7 ans.
Plans et Modèles et **Acti-Plans** : Plan ou patrons pour réaliser des objets en volume.

POUVANT ÊTRE MIS DIRECTEMENT ENTRE LES MAINS DES ENFANTS

Série 112 : 12 idées de travaux manuels autour d'un thème ou d'un matériau facile.
Premiers essais : Initiation aux activités d'expression.
100 façons de faire : De beaux albums pour de multiples travaux manuels.

Si vous désirez la liste complète des ouvrages, adressez-vous à votre libraire ou faites parvenir votre carte de visite aux Éditions Fleurus en mentionnant « Demande documentation sur Fleurus-Idées ».

Qui ne connaît ce matériau très courant qu'est le papier crépon et aussi ses multiples usages traditionnels ?

Les grandes feuilles de couleur, découpées, assemblées, froissées, deviennent fleurs ou costumes, roses ou culottes bouffantes.

On les utilise aussi fréquemment pour la décoration des tables, des arbres de Noël, des fêtes enfantines, etc., etc.

Il n'est évidemment pas question de renoncer à l'emploi très spontané, très simple, de cette matière.

Mais là n'est pas le sujet essentiel de ce livre.

C'est à des travaux jusqu'alors jamais pratiqués avec ce matériau que s'attachera surtout cet ouvrage.

Mais si les techniques employées diffèrent profondément de la méthode traditionnelle, demeure intact le charme de la fête colorée.

Au lieu d'être traité en larges aplats ou en bandes découpées à la manière d'un tissu, le papier sera transformé en fils, en rubans, qui seront tricotés au crochet ou aux aiguilles, tressés et tissés.

Grâce à cette méthode nous confectionnerons tout un ensemble d'objets qui ne seront pas seulement décoratifs mais pourront trouver leur place dans la vie quotidienne, et sauront joindre l'utile à l'agréable. Voici donc des corbeilles, des sacs, des ceintures, des abat-jour, mais aussi les plaisirs du jeu avec les poupées, les masques, l'agrément de la décoration avec des panneaux brodés.

Le travail ne présente pas de difficulté majeure, et s'il faut parfois faire preuve de soin et de patience, principalement pour le travail de préparation, on sera agréablement surpris par la facilité et la rapidité d'exécution de certains ouvrages proposés.

Précisons donc qu'il ne faut pas se décourager en entendant parler de tricot, de crochet ou de tissage. Il s'agit toujours de gestes simples dont la technique est ici éclairée par des croquis précis.

Chacun peut donc trouver des réalisations à sa portée : filles et garçons, handicapés, convalescents, puisqu'il est possible de travailler dans un lit sans risque de salir.

L'ouvrage s'adresse aux bricoleurs chevronnés, aux « fées du logis » comme à tous ceux qui ont la responsabilité d'un travail collectif. L'activité peut, en effet, être partagée, les uns préparant le matériel, les autres l'utilisant selon leur compétence.

Il faut aussi compter sur l'imagination de chacun. Les exemples proposés ne sont pas limitatifs. Au fur et à mesure de l'assimilation et de la découverte de ces utilisations inattendues, il est bien certain que d'autres idées surgiront et que la docilité du matériau vous permettra de multiples créations originales.

LE PAPIER CRÉPON

S'il est totalement inutile de présenter ce matériau, il est bon de rappeler qu'il existe dans le commerce 3 qualités de papier crépon :

- papier crépon très fin, fragile,
- papier crépon moyen, assez résistant,
- papier crépon fort, résistant à toutes sortes de manipulations.

Nous vous conseillons de choisir du papier crépon fort pour tous les ouvrages de ce recueil, le résultat final étant dépendant, certes, du soin apporté à l'ouvrage, mais aussi de la qualité du papier qui facilitera plus ou moins l'exécution du travail.

Mieux vaut donc un investissement un tout petit peu plus important plutôt que de courir à l'échec, ou tout au moins d'obtenir un résultat médiocre qui porterait au découragement.

Quoi qu'il en soit, il s'agit de prix très raisonnables et les bricolages proposés sont parmi les plus « économiques » qui soient.

Particularités du papier crépon

SA SOUPLESSE

Le papier crépon est extensible dans un seul sens : la largeur.

Des fibres sont visibles dans le sens de la largeur. Elles s'écartent très facilement si l'on exerce avec le pouce et l'index, entre chaque main, un étirement qui leur soit perpendiculaire.

Le papier crépon de bonne qualité s'étire facilement et résiste aux déchirures, tandis que celui de qualité inférieure n'a guère de « crépon » que le nom : il s'étire peu ou presque pas, et se déchiquète facilement en menus morceaux au moindre étirement.

L'économie à l'achat est donc très relative car lors de l'utilisation toute manipulation délicate devient impossible, d'où perte de temps, matériel gâché, déception, et finalement perte d'argent.

Un bon matériau est donc indispensable.

SA GAMME COLOREE

Le papier crépon possède une gamme très riche de couleurs vives et pastels, d'où la possibilité d'harmonies très diverses : du rose vif à l'orangé éclatant, du vert franc à l'indigo, mais aussi du blanc, du gris à des tons automnaux pouvant être utilisés en camaïeu.

Là aussi plus le papier crépon est de bonne qualité, plus les couleurs sont fraîches, car le papier fort reçoit mieux la couleur imprimée.

On choisira selon songoût, mais aussi en fonction du travail envisagé, de sa place dans la maison ou de la personne à laquelle il est destiné.

AUTRES ÉLÉMENTS

A part le papier crépon nous n'aurons guère besoin que du petit matériel couramment utilisé pour n'importe quel type de travaux manuels, soit :

- papier de brouillon pour les recherches,
- papier à dessin pour certains fonds,
- ciseaux,
- colle à papier,

- règle graduée,
- crayons-feutre,
- aiguilles à canevas,
- gros crochets ou aiguilles à tricoter,
- fils de laine, raphia, restes de laine, etc.

Dans certains cas un peu de matériel particulier sera nécessaire, le détail en sera indiqué avec l'objet correspondant. Mais disons tout de suite qu'il s'agit toujours d'éléments simples et peu onéreux.

montage de la poupée, page 59.

JAUNE
ROSE
ROSE
VIOLET
VERT
VERT

ROSE
BLEU
BLEU
VERT
JAUNE
JAUNE

LES DEUX FACES

technique de PREPARATION

PLAN DE TRAVAIL

Pour la fabrication des travaux proposés il est nécessaire de choisir un plan de travail pratique assez important :

- une table longue,
- un lit,
- le sol.

Il s'agit d'ailleurs d'une activité qui ne saurait ni endommager ni salir le lieu choisi, à condition seulement d'un minimum d'organisation et de soin, en débarrassant par exemple les chutes de papier au fur et à mesure de l'évolution de l'ouvrage.

Cela permettra de ne pas s'embrouiller dans les longs rubans de papier que nous aurons souvent l'occasion d'utiliser, et aussi évitera de passer de longs moments à rechercher une paire de ciseaux enfouie sous des monceaux de déchets.

Un lit peut donc très bien servir de plan de travail, mais gare aux coups de ciseaux malheureux ! Recouvrir le dessus de lit de quelques grandes feuilles de papier d'emballage, de journaux, d'une toile peu fragile ou... faire preuve de la plus grande attention !

LE DÉCOUPAGE

Le papier crépon s'étirant dans un seul sens ne peut être découpé n'importe comment car suivant le sens l'utilisation sera différente.

Or comme nous nous servirons très souvent de bandes découpées soit dans un sens soit dans l'autre, nous pensons utile de préciser dès maintenant la technique et le vocabulaire de chacun.

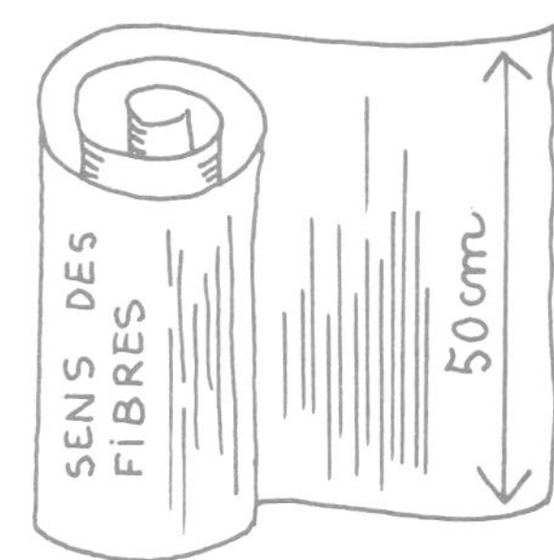

BANDES DECOUPEES DANS LE SENS DE LA HAUTEUR (sens des fibres) APPELEES ICI « PETITES BANDES »

Les fibres, petites nervures fines et droites, sont visibles dans le sens de la hauteur.

Découper des bandes de 10 à 15 cm de largeur sur toute la hauteur du rouleau : on obtient des rectangles très allongés de 10 à 15 cm sur 50 cm (largeur du rouleau).

La largeur de ces bandes étroites est variable selon l'usage projeté.

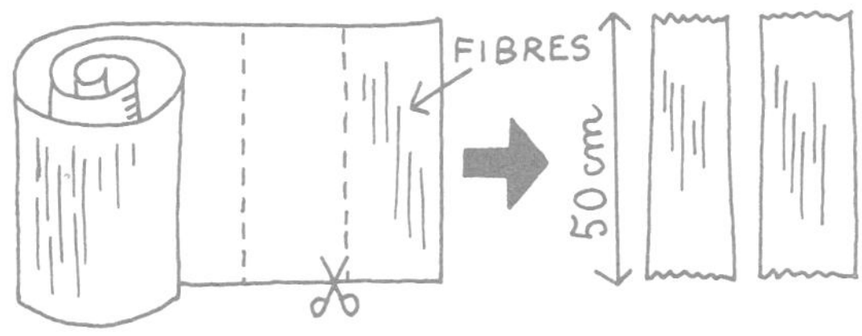

BANDES DECOUPEES DANS LE SENS DE LA LONGUEUR (c'est-à-dire perpendiculairement aux fibres) APPELEES ICI « GRANDE BANDES »

Découper de longues lanières étroites sur toute la longueur du rouleau, soit sur environ 2 m.

La largeur de ces bandes de papier crépon variera selon l'usage qui en sera fait (soit une largeur allant de 1 cm à 10 cm environ).

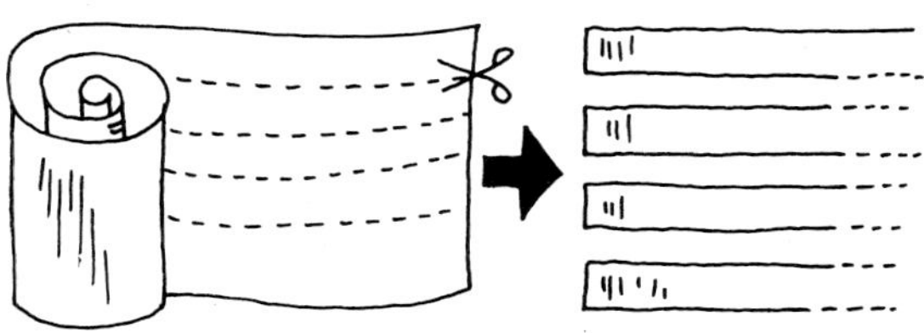

Seules ces bandes longues sont mises en pelote, pour être ensuite tressées, tricotées et brodées.

PRÉPARATION DES « FILS » DE PAPIER CRÉPON

- Etirer et torsader les lanières en les tenant entre le pouce et l'index de chaque main.
- Tirer et rouler à la fois un peu à la manière des fileuses de laine de jadis.
- S'exercer d'abord sur de petites bandes de papier pour se faire la main.

Le « fil » ne doit pas casser et doit prendre un aspect régulier.

- Cette petite difficulté est très rapidement surmontable et, l'habileté venant, s'attaquer aux longues lanières.

Là aussi le fil ne sera peut-être pas parfait tout de suite.

Persévérer jusqu'à ce que le fil soit régulier et résistant.

Pour vérifier la résistance du fil, tirer doucement entre le pouce et l'index de chaque main. Si le « fil » casse, recommencer la manipulation.

- Relier à l'aide d'un nœud simple, les uns aux autres, les longs fils obtenus. Ensuite, les enrouler en pelote.

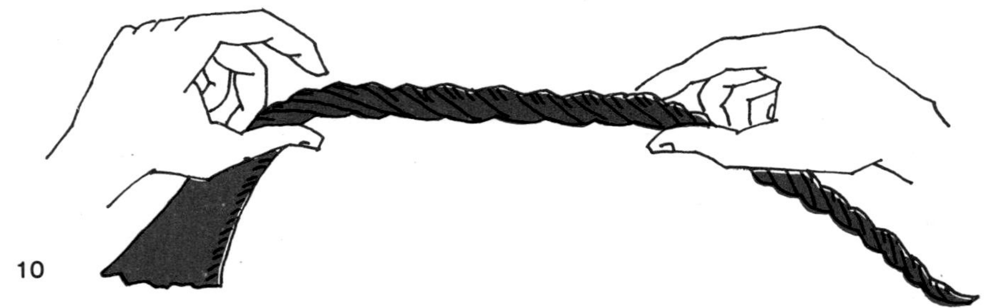

Ce travail préparatoire peut paraître un peu long et monotone surtout réalisé en solitaire. En groupe il paraîtra moins fastidieux et avancera rapidement.

FABRICATION D'UNE PELOTE

La préparation des pelotes est indispensable pour le plus grand nombre des ouvrages proposés (corbeilles, abat-jour, broderies).

- Réunir 4 doigts d'une main (c'est-à-dire l'index, le majeur, l'annulaire et l'auriculaire).
- Avec l'autre main enrouler autour des 4 doigts groupés, 6 ou 7 fois, une extrémité du très long « fil » préparé précédemment. Surtout ne pas serrer le fil sur les doigts.
- Oter délicatement le fil des doigts.
- Continuer à enrouler le fil mais cette fois-ci perpendiculairement aux « rangs » précédents, et ainsi de suite jusqu'à ce que la pelote prenne une forme ovale ou ronde.

Pour les petites mains encore malhabiles on peut commencer la pelote en enroulant le fil de départ sur un morceau de carton de 15 cm de long et de 8 cm de large environ.

Ces quelques indications suffisent largement pour commencer la réalisation d'un ouvrage. Donc, maintenant, à vous de jouer !

le Tressage

Cette nouvelle méthode d'utilisation du papier crépon va nous permettre la réalisation de « vanneries » originales et faciles. En effet nous tresserons rapidement des corbeilles en tous genres, et même des masques inattendus.

Le remplacement des matériaux traditionnels de tressage (rotin, osier ou autres) par un brin de papier rend ces travaux accessibles aux petites mains des plus jeunes, tout en leur permettant de s'initier aux gestes du tressage, gestes qui, nous le savons, renforcent la dextérité manuelle.

Par ailleurs, si la préparation du travail est assez longue, la rapidité d'exécution des objets (avec les brins de papier, le travail « monte » vite) empêche le découragement et la lassitude qu'entraînent certains travaux.

En une brève séance de travail, une corbeille peut être achevée. D'autant plus que, dès la méthode de travail suffisamment assimilée, bien en tête, bien en main, il ne sera plus nécessaire de se référer constamment aux explications écrites et dessinées : l'activité sera naturelle comme l'écriture ou le tricot.

Elle procurera un plaisir de création immédiat. Mais pour cela l'attention accordée au départ doit être totale.

Si, d'autre part, la préparation paraît un peu lassante, ne pas hésiter à trouver une formule de collaboration, de travail collectif, qui non seulement chasse l'ennui mais crée le climat propice.

En effet, comme déjà remarqué, la préparation revêt une importance capitale. Il faut absolument y consacrer le temps nécessaire et le soin indispensable. Que cela ne décourage personne, il s'agit tout de même d'un travail très simple.

LE VIDE-POCHES

Voir photo page 25.

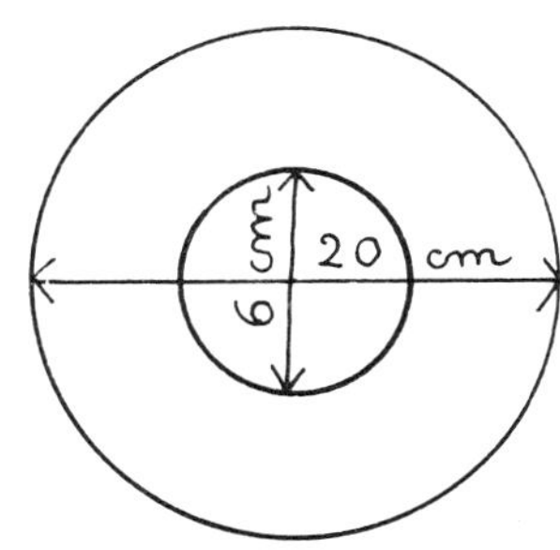

C'est le premier petit travail qui pourra être effectué par les plus jeunes. Classique dans les classes maternelles, il a ici l'avantage d'être réalisé plus facilement qu'avec des matériaux habituels. C'est une bonne initiation au tressage.

Matériel

- Des lanières fines de papier crépon.
- Armature de carton, genre bristol assez fort. (Il existe dans les magasins de matériel éducatif des montures de carton toutes préparées, de formes variées, à des prix modiques.)

Important : On peut aussi préparer cette armature soi-même en procédant comme suit :

— Dessiner un cercle de 20 cm de diamètre.

— Tracer à l'intérieur un second cercle de 6 cm de diamètre.

— Dessiner entre ces 2 cercles un nombre impair d'entailles (9 ou 11 au maximum) de forme triangulaire et également espacées.

— Découper le cercle externe et les entailles.

— Relever doucement chaque panneau.

Plus les entailles seront larges, plus la corbeille aura les bords relevés.

Il est évident que selon le même procédé et en gardant le principe d'un nombre impair d'entailles, on peut réaliser des vide-poches ovales, carrés, rectangulaires, etc.

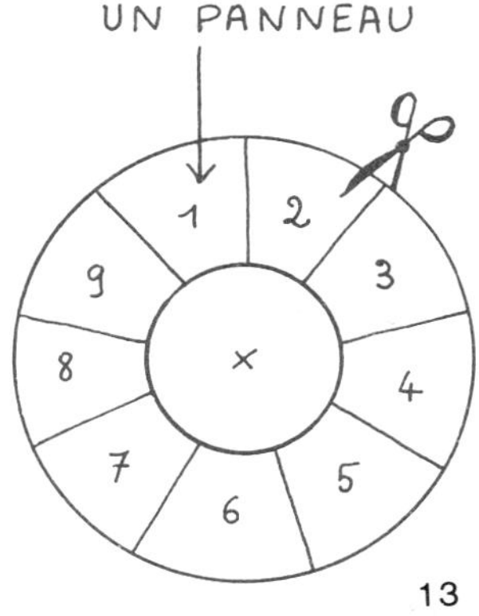

Réalisation

- Passer une lanière fine sur un panneau, sous le deuxième, sur le troisième, etc. en serrant toujours les brins passés contre le fond de la corbeille.
- Arrêter l'ouvrage en passant l'extrémité de la lanière sous quelques fils tissés, avec une aiguille à canevas.

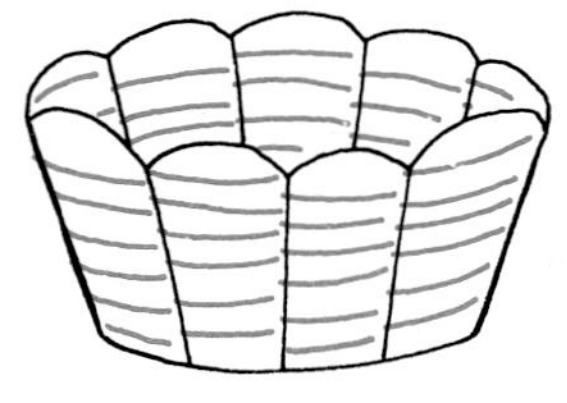

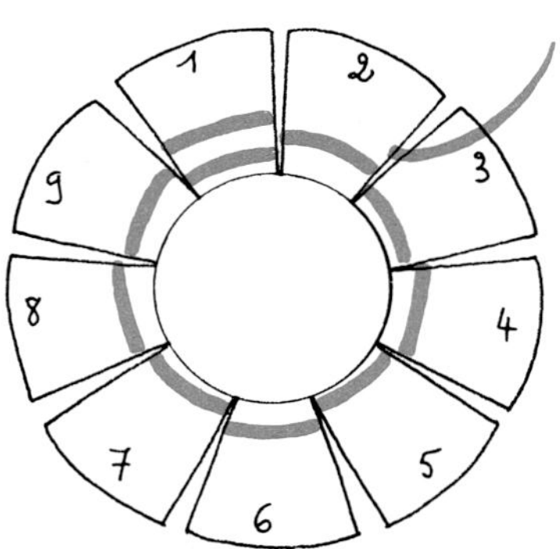

LA CORBEILLE ÉVASÉE

Voir photo page 27

Matériel de base

- 5 rouleaux de papier crépon (rose, turquoise, vert, jaune et violet, mais libre à chacun de choisir vos couleurs).
- Une règle graduée.
- Une aiguille à canevas.
- Du raphia, ou de la ficelle fine de lin, ou des brins de laine solide.

Réalisation

La corbeille présentée ici se compose de 29 montants (ou supports) qui servent d'armature autour. Ils seront assemblés entre eux par un « tressage » de fil. Un fond rapporté complète l'objet.

Pour la facilité de la compréhension du travail, nous allons détailler au maximum les diverses phases de la réalisation, y compris la façon de découper les différentes bandes de papier. De même seront précisées la façon de commencer le travail, celle de raccorder les fils, de terminer, etc.

Pour les ouvrages du même type qui suivront, ces explications de détails ne seront plus répétées afin de ne pas alourdir le texte.

LES SUPPORTS

- Découper 29 lanières dans le sens des fibres, d'une largeur égale à 15 cm et de 50 cm de long (1).

Il faut par exemple : 4 lanières jaunes, 8 roses, 8 vertes, 4 turquoise, 5 violettes.

Ces lanières servent de supports pour le tressage et forment les montants de la corbeille.

- Plier chaque lanière en accordéon 5 fois dans le sens de la largeur pour obtenir une bande de 3 cm de large environ, la longueur restant la même pour le moment (2).

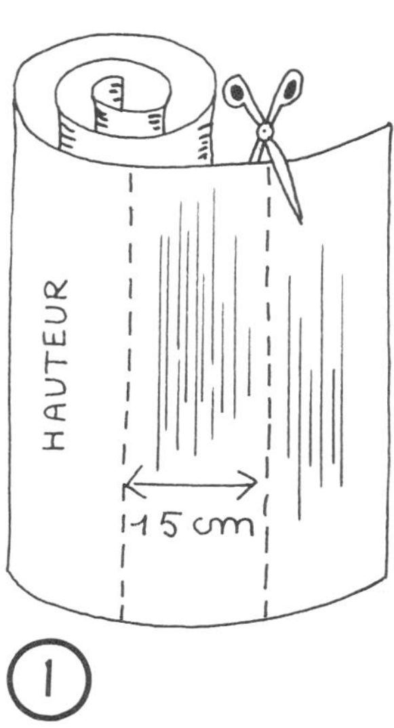

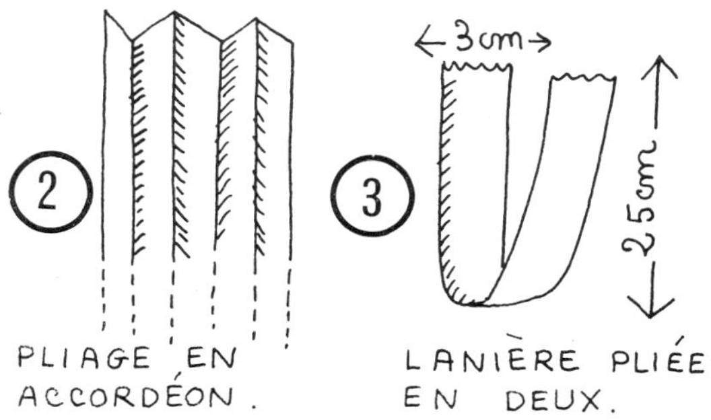

- Plier ensuite chaque lanière en 2 par son milieu (3, page 15).
- A 3 cm au-dessus de la pliure nouer un fil de laine (ou de la ficelle de lin, ou un brin de raphia). Au-dessous du nœud on obtient une boucle (4).
- Répéter cette opération vers le haut mais à 1,5 cm des extrémités (4).
- Préparer ainsi les 29 supports.
- Assembler les 29 supports entre eux en enfilant un morceau de ficelle de lin à l'intérieur des 29 boucles (5).
- Former une roue (5 et 6) en nouant les extrémités du fil de lin. Attention, ne pas trop serrer la ficelle : les supports doivent être bien côte à côte mais non tassés.

Très important : Les supports de la corbeille sont au nombre de 29, soit un nombre impair. Ce chiffre peut être différent suivant que l'on désire une toute petite corbeille, ou au contraire un objet important ; mais souvenez-vous que, dans tous les cas, il faut obligatoirement un nombre impair de montants, sinon le tressage serait impossible.

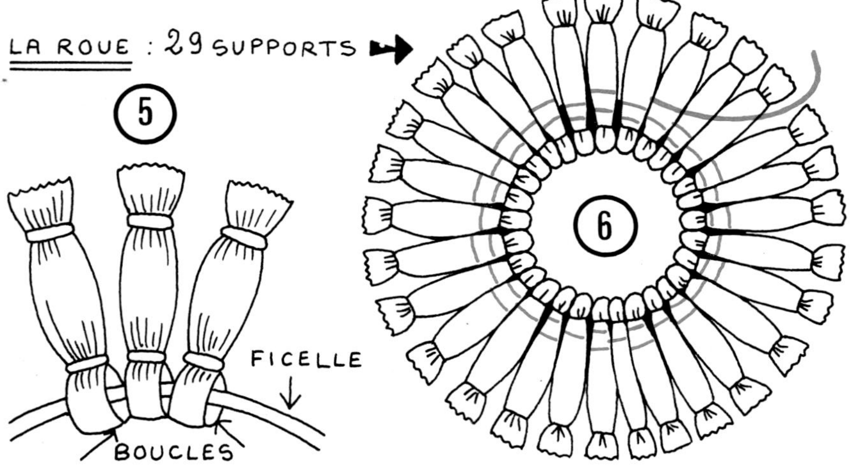

LE TRESSAGE

PREPARATION DES LANIERES A TRESSER

● Découper dans le sens de la longueur du rouleau une grande quantité de lanières de couleurs variées contrastées (ou aux tons proches) de 4 cm de large (7), soit environ : 5 lanières roses, 5 jaunes, 5 vertes, 5 violettes, 5 turquoise.

● Avec les doigts, étirer, en torsadant, chaque lanière comme en filant la laine (voir « technique de préparation » page 10).

● Assembler les fils obtenus par couleur et former des pelotes pour faciliter le tressage.

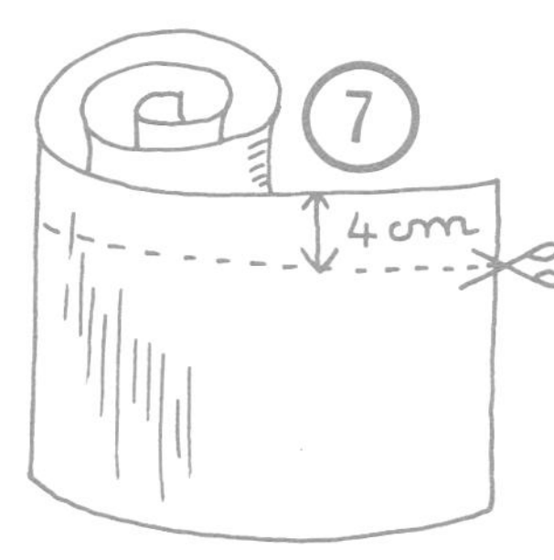

COMMENT ATTACHER LE « FIL » DE DÉPART

● Pour démarrer l'ouvrage, entourer simplement l'extrémité de la pelote choisie au bas d'un support, n'importe lequel.

● Faire un nœud double, bien serré (mais pas trop, pour que le « fil » ne casse pas).

● Cacher le brin dépassant sous la boucle du support.

● Le fil rentré, commencer le tressage.

LE TRESSAGE

● Passer le « fil » sur un support, puis dessous le support, dessus, dessous, etc. Alterner au rang suivant. Ceci constitue ce qu'en terme de tisserand on nomme « l'armature toile ». C'est le mode de tissage le plus simple (8).

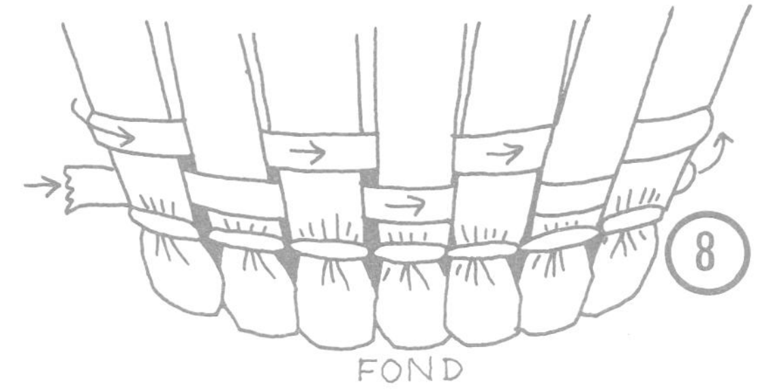

• Alterner les pelotes et tisser jusqu'en haut en prenant soin de donner une forme évasée à la corbeille.

• Pour raccorder les pelotes entre elles, procéder comme on le ferait pour n'importe quel fil, c'est-à-dire par un nœud. Mais, en raison de l'épaisseur du matériau et pour sauvegarder l'esthétique de l'ouvrage, s'arranger pour placer ce nœud à l'intérieur de la corbeille et à le dissimuler entre 2 montants, ou même entre la double épaisseur d'un montant.

• Arrivé en haut des montants, arrêter le fil en le nouant (comme au départ) autour d'un montant et rentrer l'extrémité dans l'épaisseur du tissage.

Important : Pour que la corbeille ait une forme évasée régulière, il faut que les « fils » soient à la fois tissés avec souplesse dans le sens de la largeur et bien tassés dans le sens de la hauteur afin de donner de la tenue à l'ouvrage.

Contrairement à ce que l'on pourrait croire, ce matériau possède une certaine « nervosité » qui lui donne de la tenue. Si les rangs de tissage sont bien tassés, il sera donc facile d'écarter progressivement les montants pour donner à la corbeille le galbe désiré.

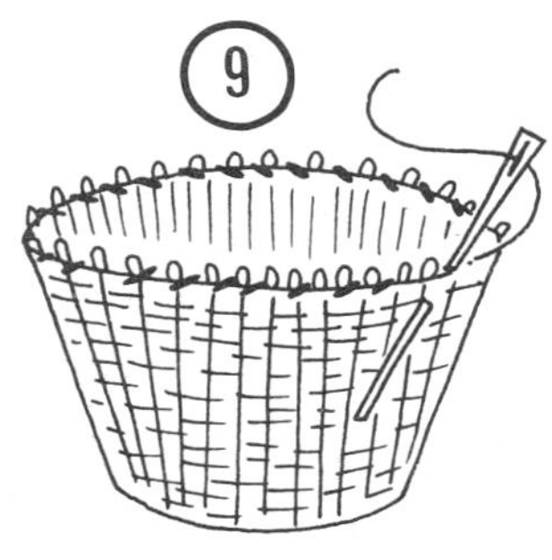

FINITION AU POINT DE SURJET

COMMENT TERMINER L'OUVRAGE

Pour arrêter définitivement les derniers rangs de tressage on terminera par un large point de surjet.

Il sera effectué, à l'aide d'une grosse aiguille à canevas enfilée d'un « fil » de papier crépon (ou plus simplement d'un fil de laine ou de raphia) de la même couleur que les derniers tours de tissage.

Il s'agit d'un « grand » point de surjet qui prend 2 ou 3 fils de tissage et se fait en allant d'un montant au suivant (9).

LE FOND DE LA CORBEILLE

Il est constitué par une longue tresse enroulée sur elle-même et cousue à la façon d'une vannerie soudanaise.

- Découper 3 longues lanières dans le sens de la longueur, de 8 cm de large.
- Les étirer en tournant comme pour les lanières composant le « fil » de tressage.
- Les réunir à une extrémité en les attachant ensemble avec un brin de raphia. Puis faire la tresse.
- A l'aide d'une aiguille enfilée de fine ficelle de lin, coudre la tresse en escargot en prenant à chaque tour le rang précédent (voir les croquis 10, 11, 12).
- Lorsque l'escargot a atteint un diamètre suffisant pour remplir le fond de la corbeille, arrêter la tresse par quelques enroulements de fil de lin et par quelques points solides pour achever de fixer l'extrémité à l'enroulement précédent.
- Puis, toujours à l'aide de fil de lin, assembler le fond au tour de la corbeille par 1 ou 2 tours de points de surjet (13).

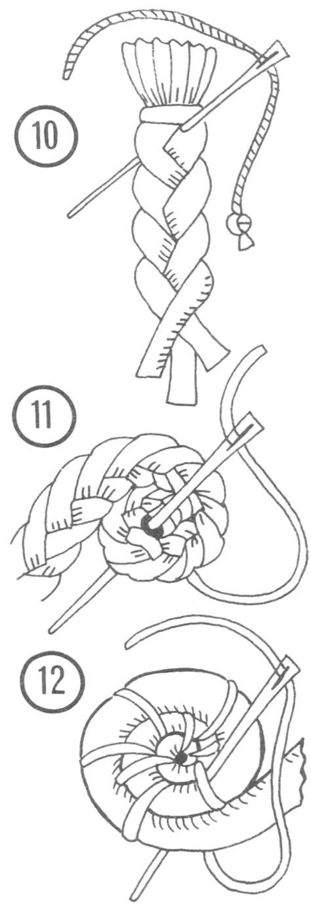

LA CORBEILLE CYLINDRIQUE

Voir photo page 31.

Matériel de base

- 2 rouleaux de papier crépon (rouge et vert).
- Une aiguille à canevas.

- Une règle plate graduée.
- Du raphia ou de la ficelle de lin.

Eléments à préparer

- 25 supports (ou montants) de la même couleur (petites lanières).
- Une pelote de lanière longue, large de 5 cm, avec laquelle sera tissé le pourtour de la corbeille.
- Une tresse enroulée pour le fond.
- Un couvercle tressé.

Ici aussi le nombre des montants peut être supérieur ou inférieur au nombre proposé, à condition qu'il soit toujours impair. Les supports peuvent également être plus courts.

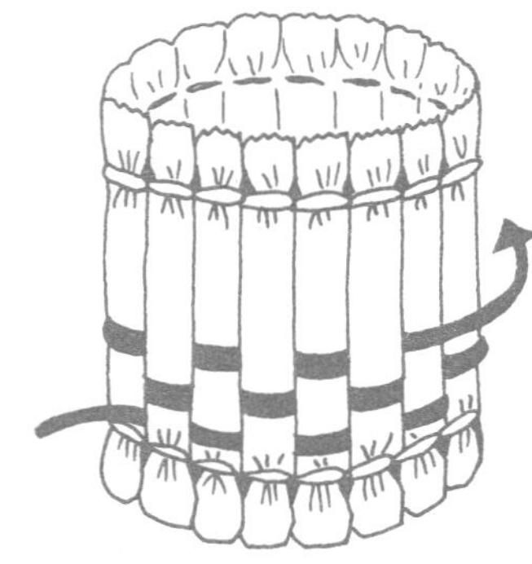

Réalisation

LES SUPPORTS

- Découper 25 lanières de 15 cm de largeur sur 50 cm.
- Plier chaque montant en accordéon, puis en 2 par le milieu.
- Faire 2 ligatures, une première à 3 cm au-dessus de la pliure, l'autre en haut à 1,5 cm du bord.
- Les assembler les uns à côté des autres avec un morceau de raphia glissé à l'intérieur des boucles.
- Former et fermer la roue obtenue.

LE FOND

LE TRESSAGE

- Il est le même que pour la corbeille précédente mais il faut que les supports, au lieu d'être obliques, soient perpendiculaires au plan de travail.

Pour cela les maintenir à la verticale d'une main, pendant que l'autre main passe le « fil » de papier au-dessus et au-dessous de chaque montant.

- Tresser jusqu'en haut.

Conseil pratique : Pour tisser bien droit, glisser à l'intérieur de la « roue » un objet cylindrique (bouteille, vase, ou à défaut un cylindre de carton) dont le diamètre soit à peu près le même que celui du fond de la corbeille. Maintenir les supports contre l'objet utilisé qui, en quelque sorte, sert de moule.

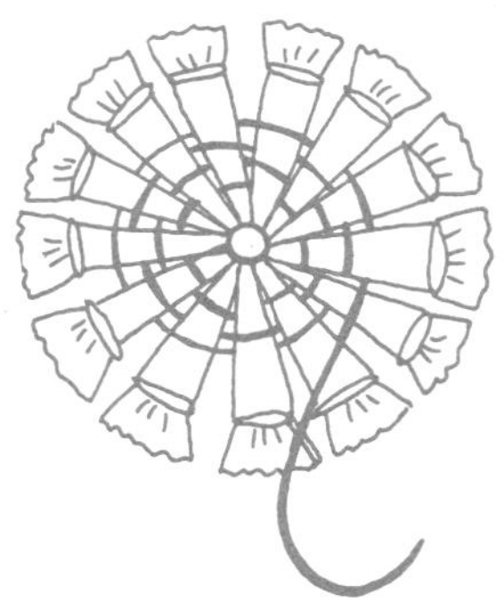

- Arrêter le tressage à 3 cm environ de l'extrémité supérieure des montants. Il est inutile de fixer par un point de surjet.

LE FOND

C'est une tresse cousue en rond et adaptée au bas du tour. Le montage est le même que pour le fond de la corbeille.

LE COUVERCLE

- Découper 13 lanières dans le sens des fibres de 15 cm de largeur et 20 cm de longueur.
- Les plier en accordéon pour réduire la largeur, puis en 2 par le milieu. Fabriquer les supports.
- Former la roue mais en serrant bien le fil de base afin de ne laisser qu'un tout petit vide au centre.
- Tisser à plat jusqu'à 3 cm des extrémités des supports.
- Au centre du couvercle coudre une toute petite pelote de papier crépon. Pour cela faire quelques points de surjet avec une aiguillée de ficelle fine (de lin ou de raphia) tout autour de la base de la pelote en ayant soint de coudre à la fois le couvercle et la pelote. Tirer légèrement sur la boule pour vérifier sa fixation.

LE MASQUE DE SORCIER

Voir photo page 37.

Pour une fête, un anniversaire, une rencontre, un masque est toujours le bienvenu pour compléter un costume, une parure de théâtre, de jeu dramatique, de mime.

Pourquoi ne pas utiliser aussi le masque comme élément de décoration, comme un ami précieux qui saura égayer un coin de mur oublié ?

Matériel de base

- 6 rouleaux de crépon (rose, violet, vert, jaune, turquoise et rouge).
- Planchette de bois ou de polystyrène.
- 5 clous fins et longs (pointes).
- Une tenaille.
- Un marteau ou un gros galet.

Eléments à préparer

- 17 lanières prises dans le sens des fibres, larges de 20 cm et de 50 cm de hauteur (5 roses et 12 violettes).
- 4 pelotes (une verte, une jaune, une turquoise et une rouge) composées de lanières de 6 cm de large, découpées sur toute la longueur du rouleau.
- Une « tresse-armature » longue et serrée.

Les indications au sujet des couleurs sont directement en rapport avec la photographie, ceci pour simplifier le travail, par souci de clarté. Mais rappelons une fois encore qu'il appartient à chacun de choisir sa propre gamme de coloris.

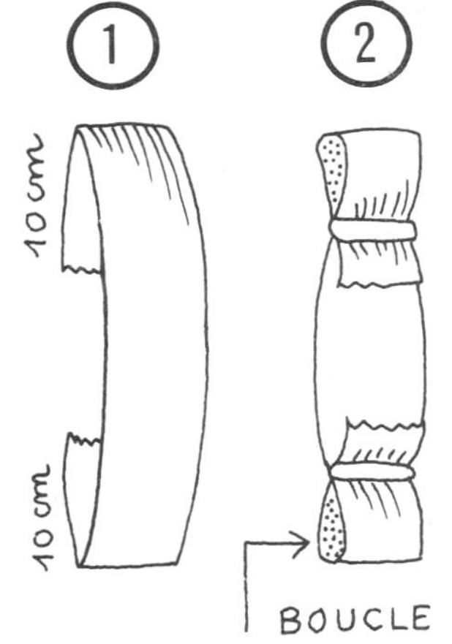

Réalisation

LE VISAGE

LES SUPPORTS

- Découper dans le sens des fibres 5 lanières roses, larges de 20 cm sur 50.
- Les plier en accordéon pour en réduire la largeur.
- Rabattre les 2 extrémités de 10 cm environ (1).

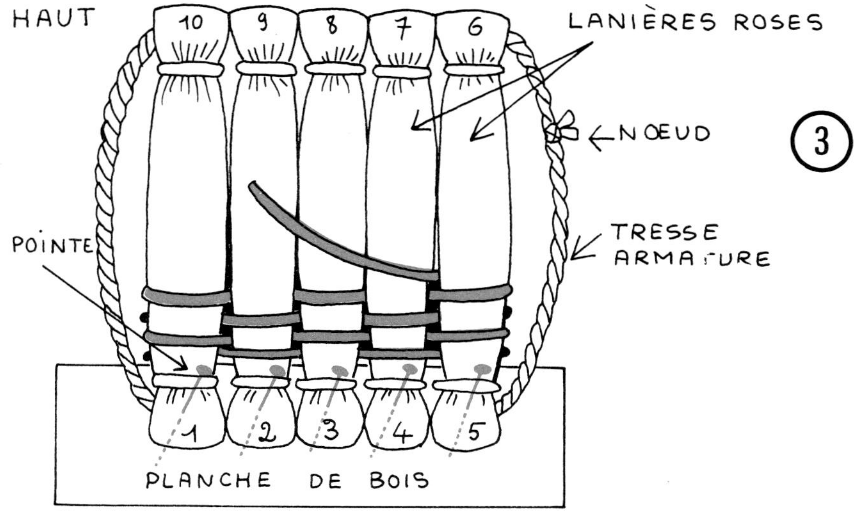

- Former une boucle de chaque côté des montants en ligaturant les 2 extrémités (2).
- Poser les 5 supports roses à plat sur une table, les uns à côté des autres.

LE TRESSAGE

- Pour faciliter le tressage, fixer provisoirement l'extrémité inférieure des supports sur la planchette (ou la plaque de polystyrène) à l'aide d'un clou long et mince enfoncé dans chaque boucle (3).
- Exécuter 6 ou 7 rangs de tressage en commençant juste sur les ligatures inférieures des supports.
- A ce moment il est possible (et même plus facile) de continuer le tressage en ôtant la plaquette de fixation.
- Continuer à tresser jusqu'aux ligatures des boucles supérieures.
- Arrêter le fil en le glissant, sur l'envers, à l'intérieur de quelques rangs de tressage ou dans une boucle. Au besoin le fixer définitivement à l'aide d'un point de colle.

LA CHEVELURE, OU LE CIMIER

Cet ornement (qui, au gré de chacun, sera casque, cheveux, ou ce que l'on voudra) est composé de 12 supports dont la mise en place nécessite une petite armature.

Voici comment procéder :

- Confectionner une longue tresse rouge, fine, solide, de 1 mètre de longueur environ.
- Passer la tresse rouge à travers les 5 boucles supérieures du visage, de droite à gauche.
- La faire descendre à gauche le long du visage tressé.
- La glisser à l'intérieur des 5 boucles inférieures (de gauche à droite). Elle doit sortir en bas et à droite du visage.
- Assembler les 2 extrémités de la tresse par un nœud serré (3). La tresse fait donc le tour du visage.
- Découper dans le sens des fibres 12 lanières violettes de 20 cm de largeur sur 50 cm de hauteur.

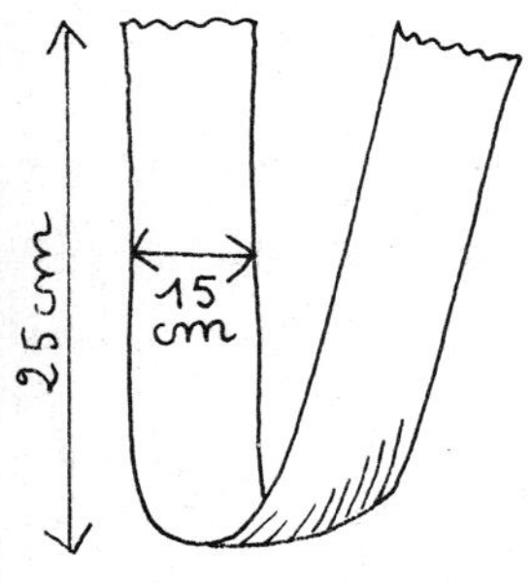

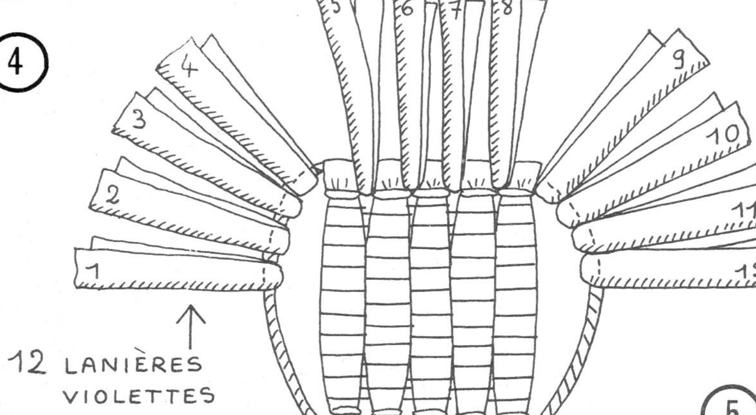

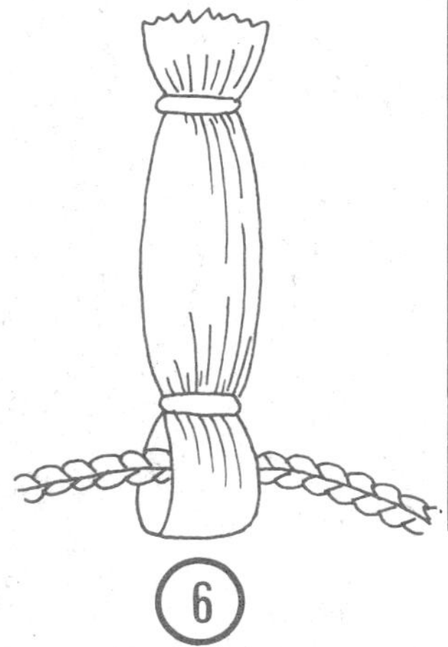

- Plier chaque lanière violette en 2 par le milieu (4, page 24).
- En placer 4 à gauche à cheval sur la tresse armature, 4 à droite, et les 4 dernières (toujours à cheval sur l'armature) entre chacun des supports du visage (5).
- Ligaturer en bas et en haut (6).
- Sur cette nouvelle armature tresser de larges bandes de couleurs différentes. Ici successivement rouge carmin, jaune et vert.

LES YEUX ET LA BOUCHE

Ils sont formés de petites tresses jaunes ligaturées en rond, et fixées par quelques points de laine (ou de raphia jaune) sur le tressage.

Si l'on désire porter le masque pour un jeu dramatique, fixer des attaches de chaque côté de la base du cimier et écarter les rangs de tressage à la hauteur des yeux.

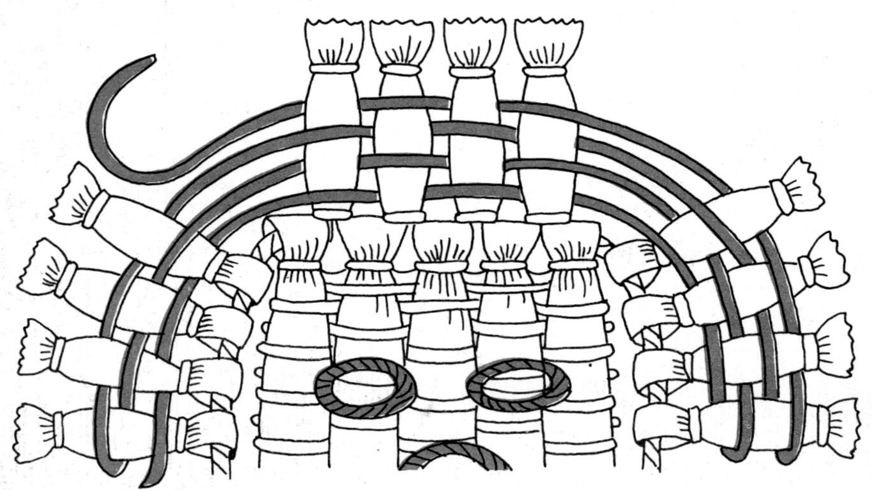

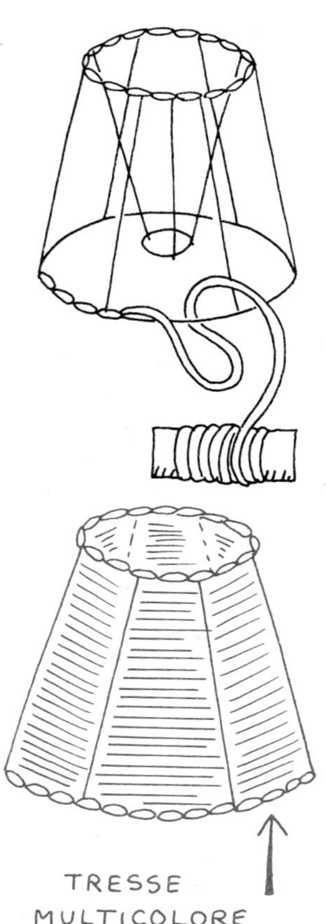

A partir du modèle de ce masque et en s'inspirant de reproductions de masques africains ou indonésiens, il est possible d'imaginer de multiples modèles très différents : visages plus ou moins larges ou allongés, cimiers tressés avec des ajours, nœuds de rubans flottants, etc.

L'ABAT-JOUR CLASSIQUE

Voir photo page 42.

Il ne s'agit plus tout à fait de tressage mais d'enroulements qui nous donnent d'autres possibilités.

Matériel

- Une monture d'abat-jour. Les librairies éducatives vendent de petites armatures d'abat-jour étudiées pour le travail du raphia naturel (ou synthétique) ou de la laine, qui s'adaptent très bien au papier crépon.
- 2 ou 3 pelotes de papier crépon (lanières fines).

Réalisation

- Commencer par entourer un brin de fil de crépon autour des 2 cercles de la monture.
- Pour recouvrir l'espace compris entre les 2 cercles on utilisera un brin de fil de papier très long (environ 3 m). Pour plus de facilité faire une petite pelote sur un morceau de carton ou de papier plié.
- Fixer l'extrémité, par un nœud, autour du cercle inférieur de la monture (à l'intersection du cercle et d'une tige verticale).
- Enrouler la pelote dans le sens horizontal, de bas en haut.

Arrêter l'ouvrage par un nœud simple qui sera passé à l'intérieur de l'abat-jour.

- Rentrer vers l'intérieur de l'ouvrage tous les fils visibles des nœuds de raccord des pelotes, avec une aiguille à canevas.

• Fixer aux extrémités supérieure et inférieure de l'abat-jour, par quelques points à l'aiguille, une jolie tresse fine et multicolore.

Ces petits abat-jour sont facilement exécutés par des enfants.

Il est possible d'entreprendre des ouvrages de plus grandes dimensions et de varier les couleurs par tranches horizontales ou verticales.

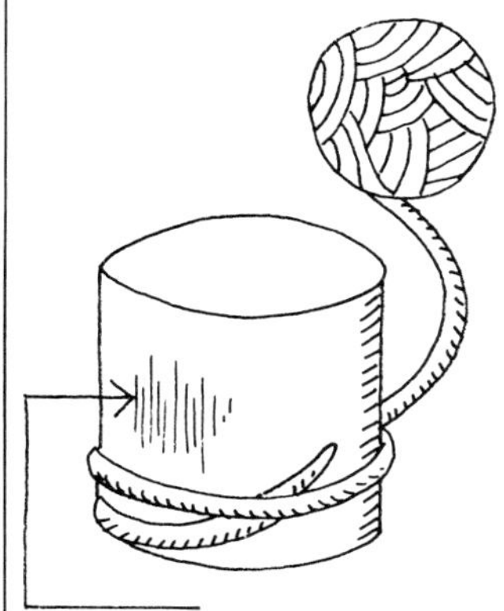

Suggestions : Objets recouverts

On peut recouvrir certains objets (petits bocaux, boîtes rondes en carton, etc.) par des enroulements collés à même l'objet. On obtiendra ainsi des vide-poches, des pots à crayons, des porte-cigarettes...

• Commencer par enduire la partie inférieure de l'objet avec une bonne colle qui ne sèche pas trop vite.

• Maintenir l'extrémité du fil de papier crépon tout à fait à la base et enrouler en cercles (le premier cercle recouvrant le brin de départ).

• Faire les raccords en plaçant les brins bout à bout pour changer de couleur.

• La partie encollée terminée, enduire ensuite de colle une tranche au-dessus, et ainsi de suite jusqu'au haut de l'objet.

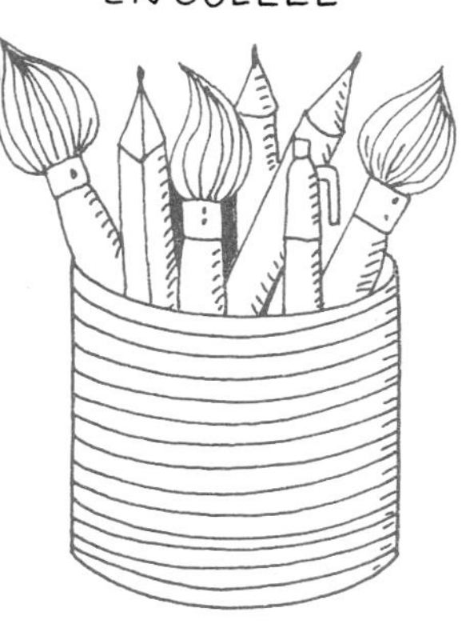

LES FLEURS TRESSÉES

Voir photo page 39.

Ces fleurs tressées, souvent exécutées en laine de couleur, viennent des Etats-Unis. Elles sont décoratives à condition de bien associer les différentes couleurs.

Le papier crépon remplacera la laine. Voilà de bien jolis bouquets en perpective !

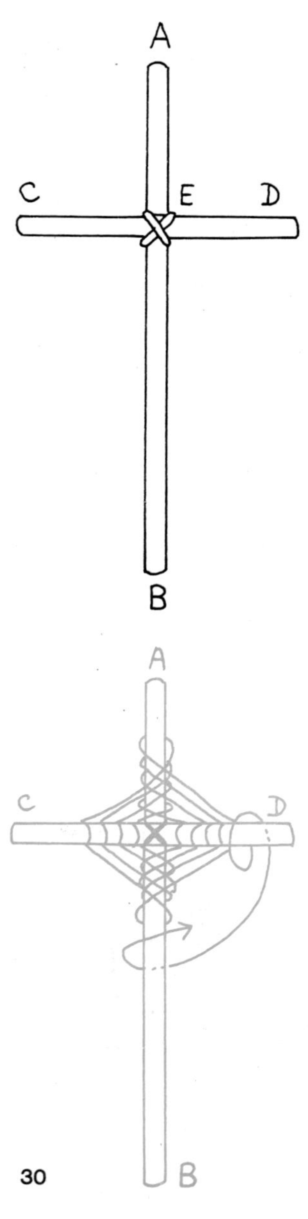

Matériel

- Quelques baguettes d'osier, ou des petites branches fines et droites, ou des tiges de fil de fer recouvert de plastique vert (les tiges de fer sont vendues, toutes préparées, dans les librairies spécialisées pour la confection de travaux divers, notamment pour les fleurs de papier crépon).
- Un peu de raphia ou de ficelle fine.
- Des pelotes de papier crépon.

Réalisation

LA FLEUR EN LOSANGE

- Préparer l'armature à l'aide de 2 baguettes (ou tiges de fil de fer), l'une de 40 cm, l'autre de 25 cm environ.
- Fixer la plus courte par le milieu, à 1/3 environ de la hauteur de la plus longue. La fixation se fait à l'aide d'une simple ligature de raphia ou de ficelle fine.
- Autour de cette croix centrale attacher, par un simple nœud, l'extrémité d'une pelote de fil de crépon, et entourer le fil autour des 4 branchettes de la croix en travaillant toujours dans le même sens.
- Comme il est amusant de varier les couleurs, il est nécessaire de changer de pelotes. Pour le faire proprement procéder comme suit :

Arrêter le travail en coupant le fil à 10 cm de la fin de l'ouvrage.

Faire un nœud autour de la tige la plus proche.

Prendre une autre pelote, fixer son extrémité par un nœud effectué sur la tige où fut pratiqué le nœud d'arrêt de la pelote précédente.

- Le travail terminé, recourber vers l'intérieur, les tiges de fil de fer à leur extrémité, ceci par mesure de sécurité et aussi pour maintenir les derniers rangs des enroulements.

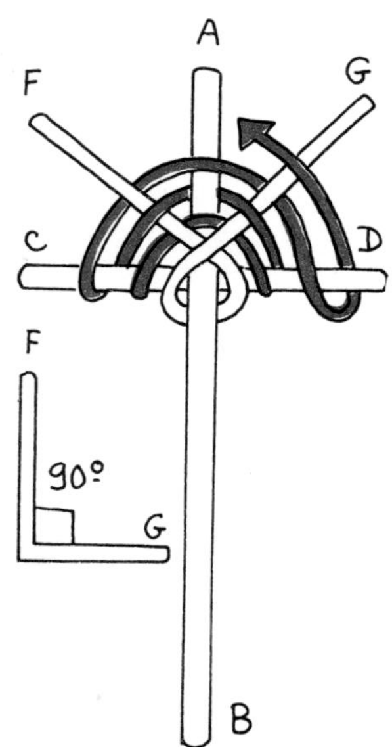

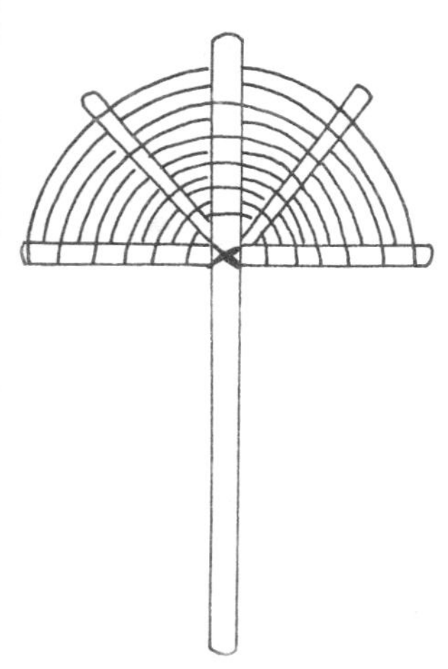

LA FLEUR EN DEMI-CERCLE

- Monter 2 tiges en croix, comme pour la fleur précédente.
- Ajouter un morceau de fil de fer plié en 2 de façon à former un angle droit.
- Le fixer à l'intersection E des tiges en croix. Bien ligaturer l'assemblage.
- Tisser cette fois non en enroulant autour des brins de l'armature, mais en passant dessus dessous chaque montant. Retourner l'ouvrage pour contrarier le sens du tissage.

On peut réunir plusieurs fleurs différentes en tordant leurs tiges entre elles.

Les occasions ne manqueront pas de faire fleurir ces bouquets.

La préparation d'une décoration de table ou l'apparition des fleurs sur un mur demandera peu de temps, et le travail n'est pas compliqué.

Les tailles varieront selon le lieu. Les fleurs peuvent devenir immenses en plein air, largement tressées sur des branches de noisetier ou directement sur des rameaux fourchus, s'il en est qui s'y prêtent.

On pourra même planter ces fleurs dans le sol d'une prairie pour en faire le jardin d'un jour de fête, ou les accrocher à un char de carnaval (modeste ou somptueux).

tricot et crochet

Pour le tricot ou le crochet on utilise aujourd'hui tous les types de fils, fins ou épais, naturels ou synthétiques (raphia, laine, par exemple). Pourquoi ne pas employer également le papier crépon ?

Ici aussi le matériau insolite incitera les plus petites à se lancer dans des ouvrages qu'elles n'oseraient pas entreprendre avec de la laine.

Même remarque que pour le tressage : l'ouvrage « monte » vite sans que la lassitude ait le temps d'intervenir, et la gaieté des couleurs utilisées ajoute encore de l'intérêt au travail.

Certes il ne s'agit pas ici de prétendre entreprendre des travaux importants et durables (encore que l'on sera étonné par la souplesse et la solidité du tricot de papier) mais de réaliser vite et de façon amusante quantité de petits ouvrages très variés.

Napperons, sets de table, etc. mettront une note personnelle dans une résidence de vacances, un réfectoire de collectivité, un accent de gaieté pour un repas de fête ou une réunion d'amis. S'ils sont tachés ou abîmés, ils ne seront guère coûteux à remplacer puisque leur prix de revient n'atteint pas ceux des nappes en papier que l'on trouve dans le commerce.

Les sacs, ceintures et autres colifichets s'assortiront facilement aux diverses tenues d'été. Et pourquoi se priver de les varier suivant sa fantaisie ?

Le travail s'effectue comme les précédents, mais avec des pelotes de « fil » de papier. Mais ici pour les préparer découper seulement des

bandes de 1 cm de large environ, ce qui donne un travail plus fin que le tressage.

Torsader bien régulièrement ces bandes en les mettant en pelotes ; le travail de tricot en sera facilité et y gagnera un plus bel aspect.

LE CARRÉ CROCHETÉ

Voir photo page 25.

Le papier crépon se crochète et se tricote exactement de la même façon que la laine ou le raphia.

Si vous savez crocheter, commencez l'exécution dès maintenant. Sinon lisez attentivement les indications suivantes et exercez-vous jusqu'à ce que vous obteniez un travail régulier, solide, et aux lignes harmonieuses.

A noter que ces explications vous initieront au vocabulaire des points de base du crochet.

Matériel

- 2 pelotes de crépon.
- Une aiguille à canevas.
- Un crochet nº 5 (ou des aiguilles à tricoter nº 5).

Les explications sont relatives au crochet, mais libre à vous d'utiliser les aiguilles à tricoter !

Réalisation

EXÉCUTION DU 1er RANG

Position des mains : tenir le crochet dans la main droite exactement comme un crayon (1).

LA CHAINETTE

- Faire une boucle ou un nœud coulant autour du crochet (2).
- Après le nœud coulant faire un jeté, c'est-à-dire passer le crochet de la gauche vers la droite sous le fil de crépon. Ensuite avec le

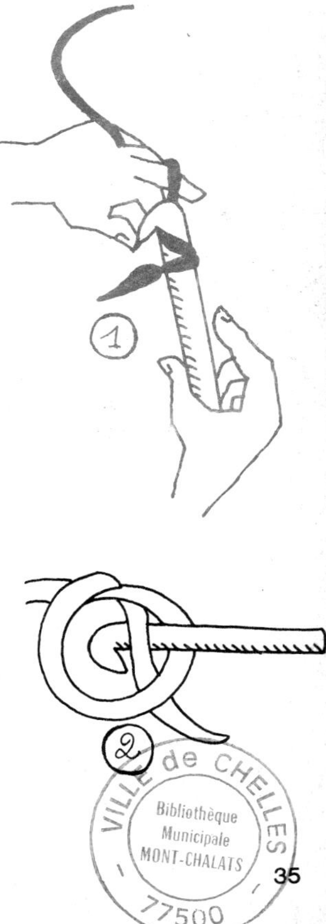

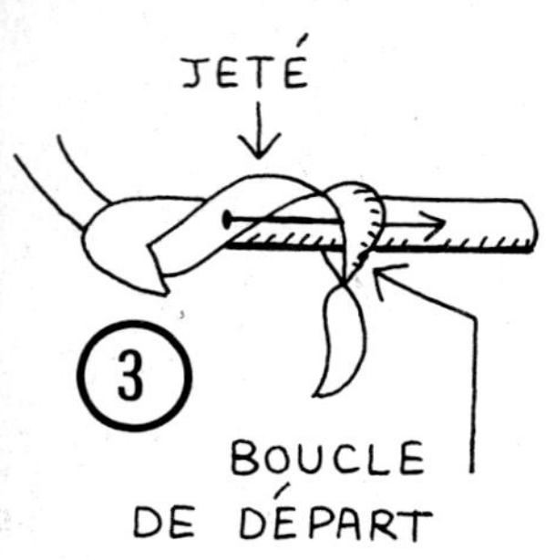

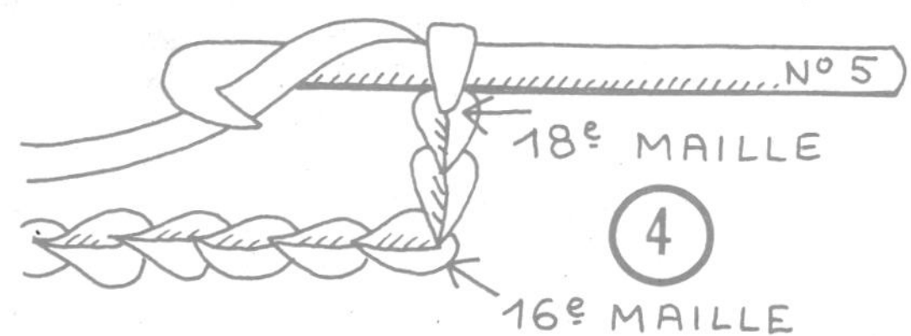

crochet tirer ce jeté à travers la première boucle, qui glisse du crochet (3). On obtient une nouvelle maille.

Répéter cette opération 18 fois (4). On forme ainsi une chaînette de 18 mailles.

LA BRIDE

- Faire un premier jeté.
- Piquer le crochet dans la 16e maille (5).
- Faire un second jeté qui passera à travers la 16e maille (6).
- Exécuter un troisième jeté et le ramener à travers les 2 mailles du crochet (7).
- Faire un quatrième jeté et le tirer à travers les 2 dernières mailles du crochet. Une bride est formée.

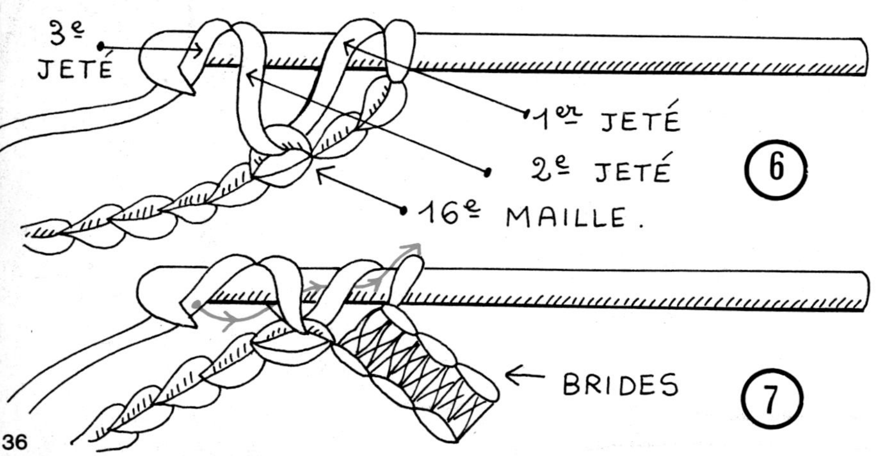

• Faire 15 autres brides, c'est-à-dire jusqu'à la première maille de la chaînette (en tout 16 brides pour le premier rang).

LES AUTRES RANGS

• Faire 3 mailles chaînette pour tourner.

• Ensuite sauter la première bride du rang précédent et exécuter la deuxième rangée de brides.

• Faire ainsi 5 ou 6 rangs.

• Les rangs terminés, arrêter l'ouvrage à l'aide d'une aiguille à canevas, c'est-à-dire enfiler le fil restant dans le chas de l'aiguille et glisser l'aiguillée à travers 2 ou 3 brides. Couper le fil au ras de l'ouvrage.

LA BORDURE

• Avec une autre pelote de papier crépon, exécuter un rang de brides sur le périmètre du carré (8).

• Ne pas oublier de faire 4 mailles chaînette aux 4 angles du carré pour obtenir des coins bien nets.

• La dernière bride d'une rangée et la première du rang suivant s'exécutent en piquant le crochet dans le même trou (8).

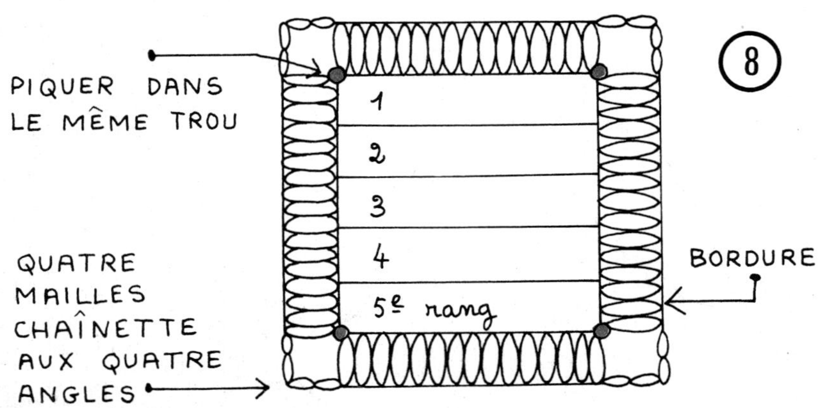

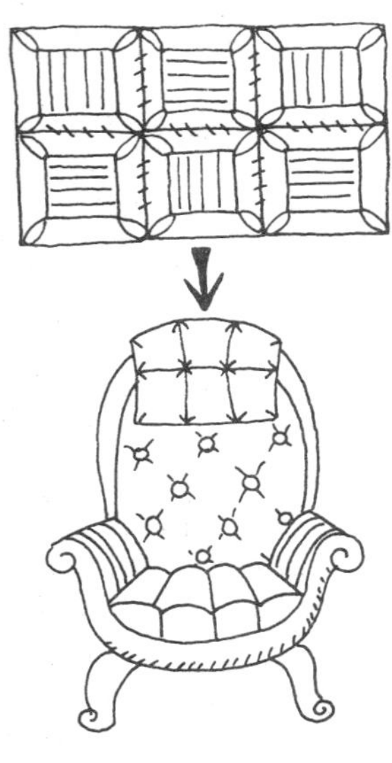

● La bordure terminée rentrer les nœuds et fils visibles avec l'aiguille à canevas comme pour un ouvrage à la laine ou au raphia.

Le point de brides, très simple, permet de réaliser de multiples ouvrages, jolis, utiles et d'exécution rapide.

Tout comme les carrés crochetés à la laine les carrés de crépon peuvent être assemblés en patchwork à la manière des couvre-lits d'autrefois.

Il est possible aussi de réaliser des coussins, des napperons ou des protège-nuque que l'on place en haut de certains fauteuils.

LE NAPPERON

Voir photo page 25.

Le crochet en rond permet également de nombreuses créations originales comme des napperons, sets de table, ceintures, sacs, etc.

Matériel

- 3 pelotes de crépon (turquoise, rose et orangé).
- Un crochet n° 5.
- Une aiguille à canevas.

Réalisation

Elle sera rapide si l'on a bien compris la façon de faire les brides :

- Faire une chaînette de 6 mailles.
- Fermer la chaînette (1 et 2) : on obtient une boucle fermée.

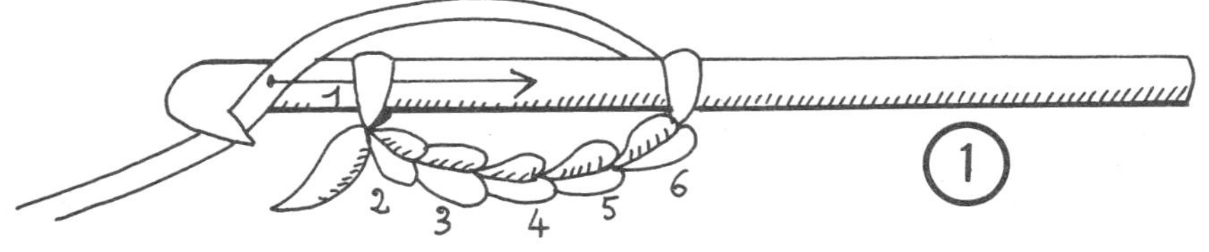

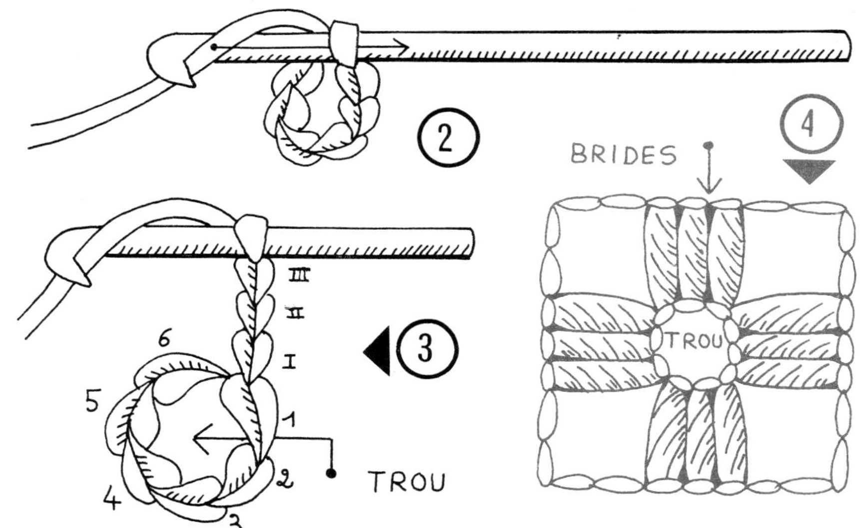

• Faire 3 mailles chaînette (3) puis 3 brides en piquant dans le trou formé par la boucle. Répéter 4 fois (4).

COMMENT ARRETER LE RANG

• Couper le fil à 15 cm environ de l'ouvrage.

• Enfiler le bout du « fil » de papier dans la dernière boucle se trouvant encore sur le crochet et serrer.

• Ne pas serrer trop fort pour que le fil ne casse pas.

LES RANGS SUIVANTS

• Ils s'exécutent de la même manière mais en piquant dans toutes les mailles du rang précédent.

• On profitera du montage des nouveaux rangs pour changer de couleur.

Important : Ne pas oublier les 4 mailles chaînette (dites aussi mailles « en l'air ») pour tourner à chaque coin.

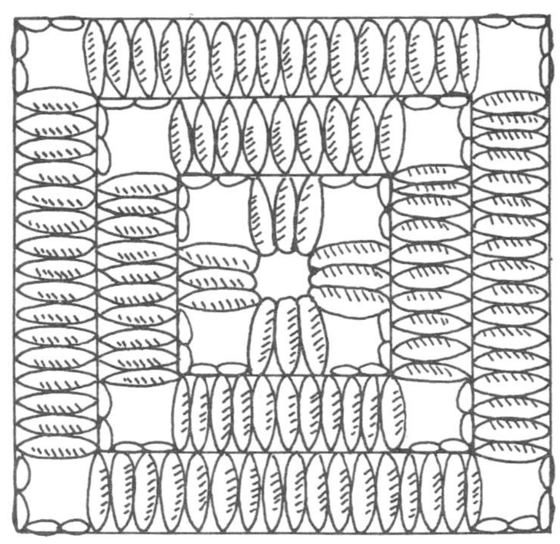

Pour terminer l'ouvrage on peut ajouter un rang formant des petits arceaux. Pour cela faire 1 bride, 2 mailles en l'air, passer une bride et faire une autre bride dans la suivante.

LA FLEUR-BARRETTE

Voir photo page 46.

C'est une petite rosace de 2 ou 3 rangs de brides, tricotée en rond.

Matériel

- 1 ou 2 pelotes de crépon.
- Une aiguille à canevas.
- Du fil.
- Une barrette longue.

Réalisation

- Commencer l'ouvrage en rond comme indiqué page 40.
- Couper le « fil » de papier.

- Changer de couleur.
- Pour que le travail prenne une forme ronde régulière il faut pratiquer quelques augmentations, c'est-à-dire pour le 2e rang faire 2 brides dans une maille sur 2, pour le 3e rang faire 2 brides dans une maille sur 3.

Attention l'importance de l'augmentation dépend uniquement de la façon dont chacun crochète (lâche ou serré) ; on pratiquera donc les augmentations suivant besoin, de manière à obtenir un rond régulier, bien plat.

- Le rond terminé de coudre à l'aide de quelques points invisibles sur une classique barrette à cheveux.

LA CEINTURE

Voir photo page 46.

Cette ceinture de papier crépon se compose d'une dizaine de petits carrés tricotés au point de brides et ajoutés bout à bout.

Matériel

- 1 ou plusieurs pelotes de papier crépon.
- Une aiguille et du fil solide.
- Un morceau de toile de lin écrue.
- 3 agrafes de couturière.
- Un crochet n° 5.

Réalisation

- Faire une chaînette de 5 mailles.
- Fermer la chaînette pour former une boucle.
- Faire 3 mailles en l'air (mailles chaînette), puis 3 brides en piquant dans le trou formé par la boucle.
- Répéter cette opération 3 autres fois, en tout 12 brides (voir napperon page 40).
- Arrêter le fil en fermant le carré.

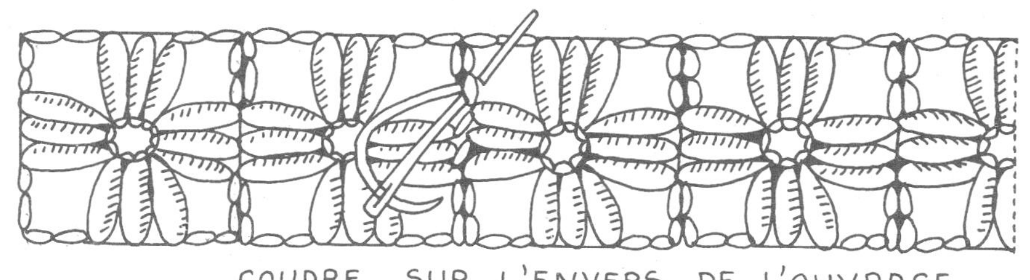

- A un tour de taille de 65 cm (soit taille 40) correspond une dizaine de carrés.

Pour un tour de taille différent calculer le nombre de carrés nécessaires en en mesurant un terminé, la dimension variant suivant le style de crochet de chacun.

- Assembler les carrés bout à bout.
- Les coudre sur l'envers avec du fil solide au point de surjet.
- Découper un morceau de toile de lin légèrement plus grand que le rectangle tricoté (compter 1,5 cm de marge supplémentaire).
- Rabattre 1,5 cm sur tout le périmètre du rectangle de toile. Marquer ce rabat à l'ongle.
- Superposer la bande tricotée et le rectangle de tissu, envers contre envers.
- Piquer quelques épingles pour maintenir les 2 épaisseurs.

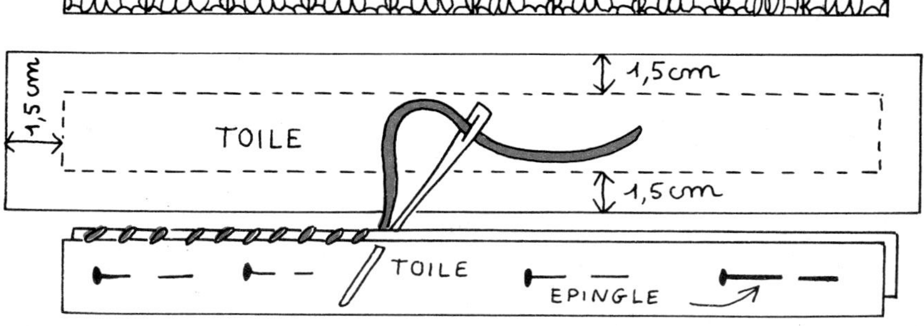

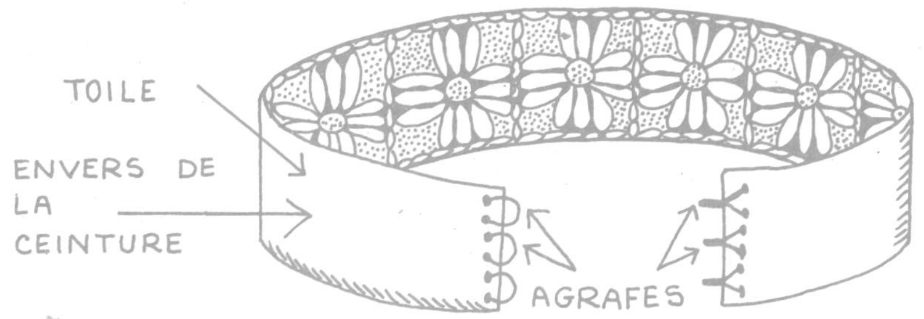

- Coudre tout autour à petits points d'ourlet (utiliser du fil résistant).
- Sur l'envers et à chaque extrémité placer 3 agrafes.

Variantes

Sur le principe « ceinture » il est possible de chercher d'autres idées :

Ceinture plus large avec des carrés qui auront chacun un tour de brides en plus.

Simple ceinture crochetée en mailles à partir d'une chaînette faisant le tour de la taille, ou au contraire tricotée en long sur une chaînette de base de la largeur de la ceinture souhaitée.

LE SAC EN BANDOULIERE

Voir photo page 49.

Matériel

- Un crochet n° 7.
- 5 grosses pelotes de papier crépon (vert, rose, orangé, turquoise et jaune).

Ces pelotes doivent être d'un « fil » plus épais que les précédentes. Elles seront constituées de lanières larges de 3 cm et d'une longueur égale à celle du rouleau.

- Du raphia ou de la ficelle fine.

- De la toile de lin de préférence.
- Du fil et une aiguille.
- Un mètre souple de couturière.

Réalisation

- Le 1er rang, de couleur verte, se monte exactement comme le napperon page 40.
- 2e rang, rose : faire 2 brides dans chaque maille du rang précédent et 3 brides aux angles pour que l'ouvrage prenne une forme circulaire (1).
- Le travail doit rester plat et ne pas gondoler. S'il gondole, le défaire et recommencer en ajoutant qualques brides supplémentaires. Cette petite tricherie ne se verra pas.

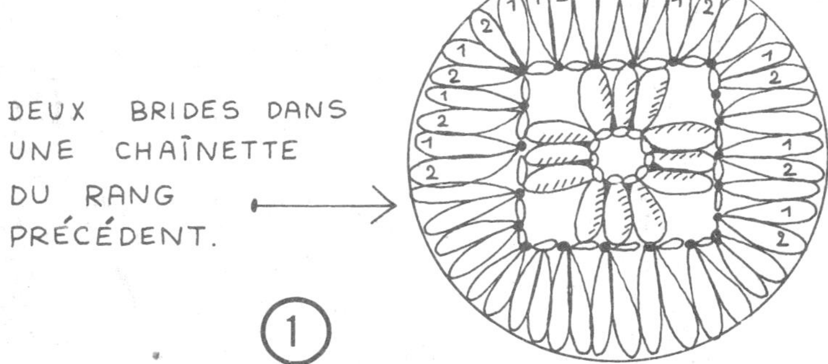

- Tricoter de cette façon 3 autres rangs (orangé, vert, puis turquoise).
- Le 5e rang (jaune) n'est pas une rangée complète : ce sont 2 arcs de cercle de 30 cm environ. Les mesurer avec un mètre souple de couturière (2, page 52).

LA DOUBLURE DU SAC

- Utiliser de la toile de lin, ou à défaut du jute ou une cotonnade de couleur.

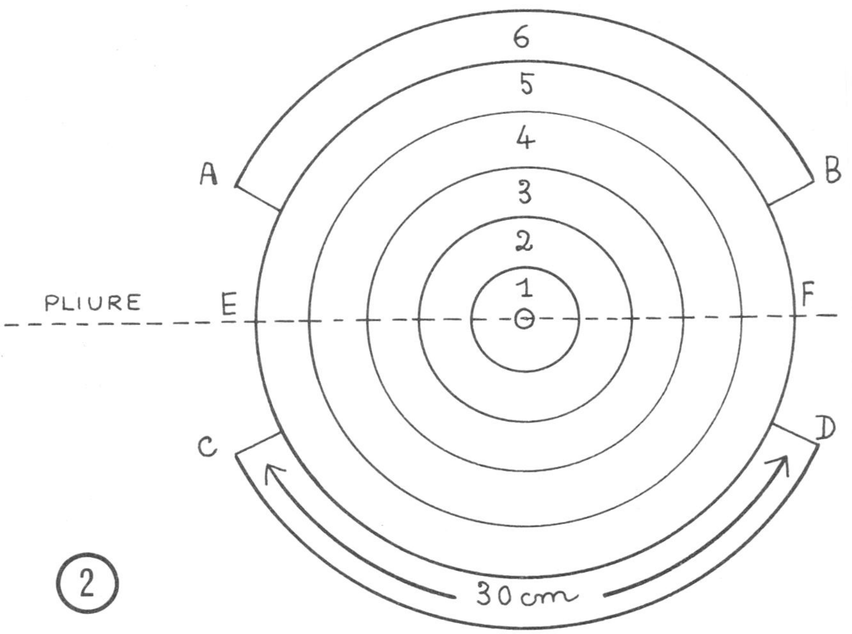

- Découper un morceau de tissu légèrement supérieur à la surface de la rosace tricotée sans compter le 5e rang, soit un cercle de tissu d'un diamètre de 4 à 5 cm supérieur à celui de la fig. 2 de E à F.
- Cranter aux ciseaux la circonférence du cercle de tissu pour que l'ourlet se fasse aisément (3).
- Coudre le tissu sur l'envers du sac, au point du surjet, avec du fil solide et une aiguille (4).
- Plier cette rosace tricotée et doublée en 2 parties égales, le point A sur le point C et B sur D (voir croquis 2).
- Pour fermer le sac, coudre, avec une aiguille à canevas et un morceau de raphia, les côtés AC et BD jusqu'au 5e rang (5).

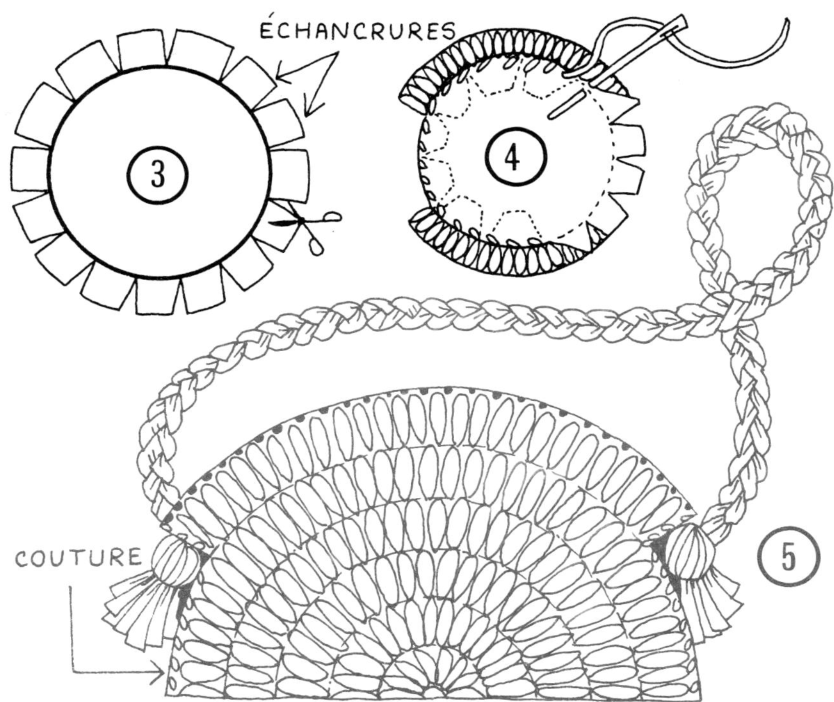

LA BANDOULIERE

- Elle est faite d'une longue tresse tricolore ou unie de 70 à 80 cm.
- Elle est fixée dans le haut du sac

LE FERMOIR

- C'est une boucle tressée de 20 cm, fixée en haut sur un des 2 bords du sac.
- Sur l'autre bord coudre face à la boucle une petite pelote de papier crépon ou un gros bouton original (voir croquis page 54).

Variantes

Il est possible de faire d'autres types de sacs. Par exemple en agrandissant de 1 ou 2 tours le

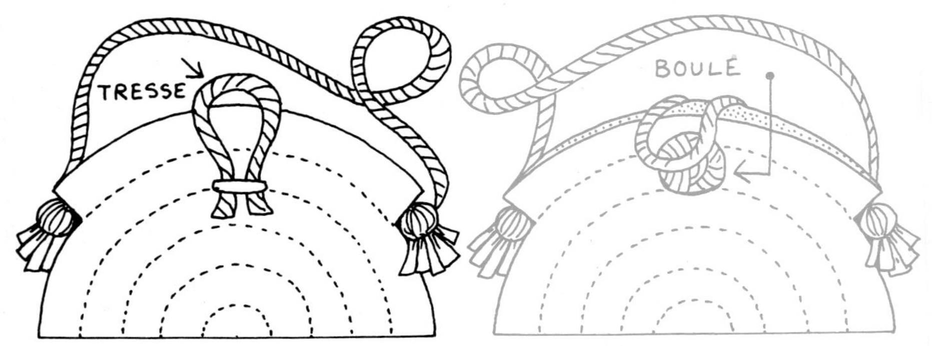

napperon de la page 40, ou en en exécutant 2, et en les cousant sur une doublure.

On peut aussi s'amuser à fabriquer de grands sacs de plage en petits carrés de patchwork, soit comme le carré de la page 35, soit comme les petits carrés de la ceinture page 45. Bien entendu un sac de tricot de papier doit toujours être doublé, ce qui lui confère une tenue et une longévité qui vous étonnera.

LE MASQUE TRICOTÉ

Voir photo page 39.

Différent du masque proposé dans le chapitre du tressage, il vous ouvre d'autres possibilités tout aussi intéressantes.

Matériel

- 5 pelotes de lanières de 1 cm de large (rose, bleu, vert, orangé et rouge).
- Un crochet nº 5.
- Une tige de fer ou de laiton.
- Du fil élastique.

Réalisation

LES YEUX

- Tricoter au crochet 2 ronds de crépon (un

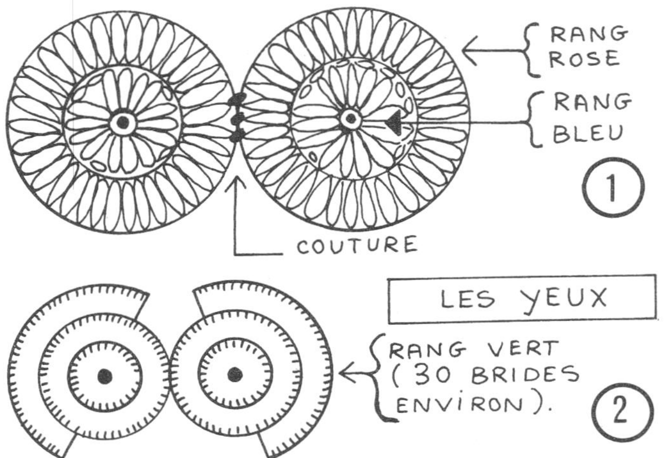

premier rang bleu de brides, et un second rang rose).

- Assembler les ronds terminés par quelques points faits à l'aiguille (1).
- Sur chaque œil pratiquer un troisième rang, vert, d'une trentaine de brides, égal à la moitié de sa circonférence (2).
- Pour ce troisième rang faire de temps en temps quelques augmentations (soit 2 brides dans la même maille) pour que l'ouvrage ne se recroqueville pas. Si le travail se resserre trop, défaire le rang et recommencer en ajoutant un peu plus de brides.

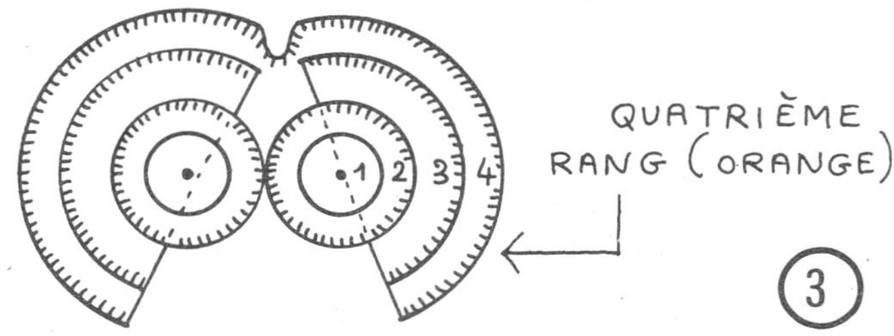

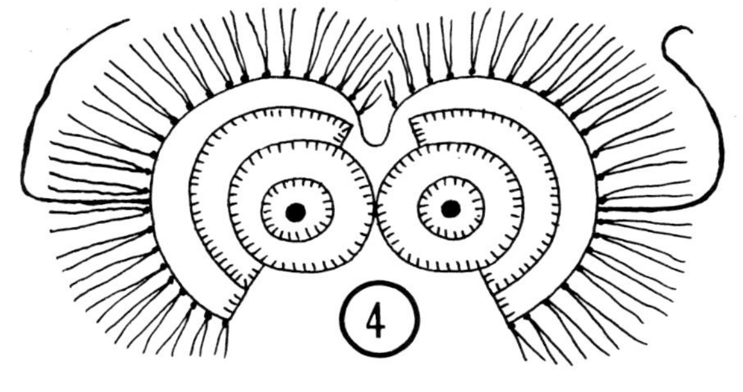

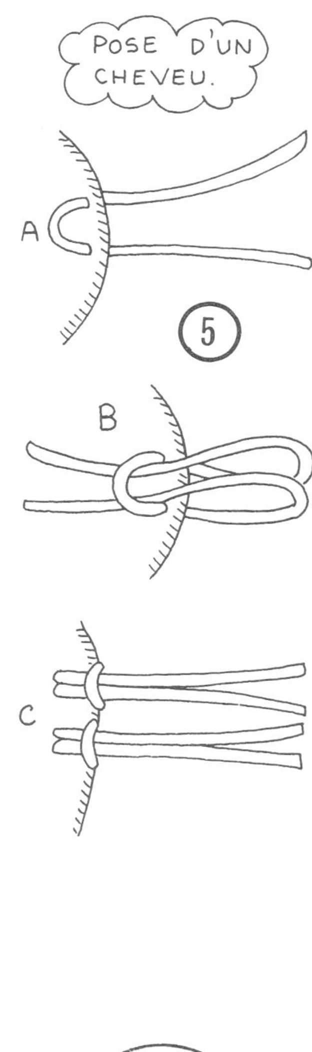

● Au-dessous du rang vert, ajouter une quatrième rangée orange de brides (3).

LES CHEVEUX

● Ce sont des « fils » de papier crépon rouge, de 20 cm de long.

● Chaque cheveu, plié en 2 par le milieu, est fixé dans chaque bride du dernier rang, comme les franges d'un châle ou d'une écharpe (4 et 5).

LA BOUCHE

Elle est facultative.

Elle peut être réalisée de la même manière que les yeux, c'est-à-dire un rond crocheté, fixé par quelques points à l'aiguille, au bas des yeux.

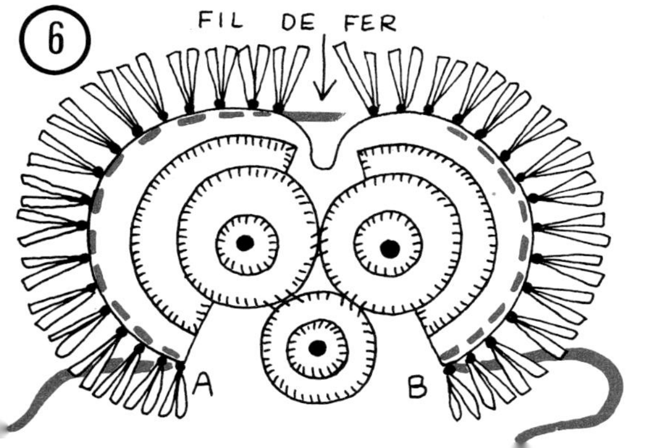

FINITIONS

- Pour que le masque ait de la tenue du point A au point B enfiler un fil de fer ou de laiton.
- Recourber ses extrémités sur l'envers du masque pour que celui-ci reste bien en place et qu'il ne blesse pas (6).
- Attacher un fil élastique qui fixera le masque derrière la tête.

Il est bien évident que l'on peut utiliser les techniques de tressage avec certaines parties exécutées au crochet pour combiner quantités de masques tous plus originaux les uns que les autres.

LA POUPÉE AUX DEUX VISAGES

Voir photo page 51.

De dimension variable elle peut être accrochée au mur d'une chambre d'enfant comme une sorte de pantin géant, ou exécutée de petite taille elle servira de gadget car, réalisée en couleurs différentes sur chacune de ses faces, elle présente vraiment 2 aspects différents.

Matériel

- 5 pelotes du papier crépon, en lanières fines (rose, jaune, bleu, vert et violet).
- Un crochet n° 5.
- Une aiguille à canevas.

Réalisation

ELEMENTS A PREPARER

Pour une poupée de petite taille soit 30 cm de haut environ :

- 2 ronds de 8 cm de diamètre (soit 2 tours de brides si on crochète de façon assez lâche) pour la tête : un rose et un jaune par exemple.

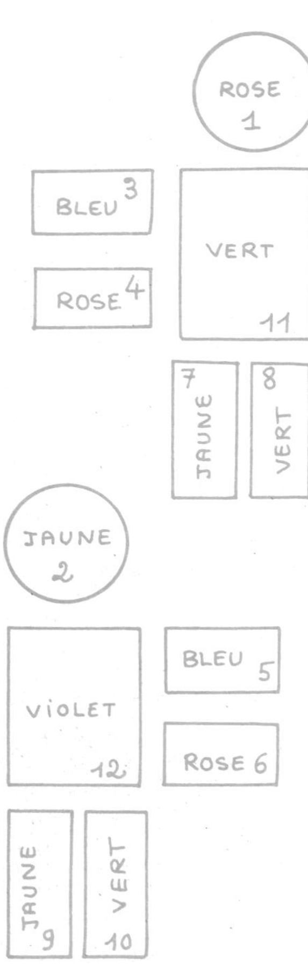

- 8 rectangles de 8 cm x 4 (soit 2 rangs de brides sur une chaînette de 12 mailles) pour les bras et les jambes : 2 bleus, 2 roses, 2 jaunes, 2 verts.
- 2 rectangles de 8 cm x 11 1/2 (soit 6 rangs de brides sur une chaînette de 12 mailles) pour le torse : 1 violet et 1 vert.

Tous ces rectangles peuvent être tricotés également aux aiguilles nº 5. Chacun choisira le moyen qui lui conviendra le mieux.

MONTAGE

- Superposer les ronds 1 et 2 (rose et jaune).
- Les coudre ensemble sur le bord au point de surjet. Pour cela utiliser du raphia ou une aiguillée de fil de papier crépon.
- Pour donner un peu de relief à la tête, on peut la bourrer légèrement de bandes de chutes de papier avant de fermer les 2 ronds.
- Pour les bras, assembler les rectangles 3 et 4, puis 5 et 6 (bleus et roses).
- Coudre ensuite les morceaux 7 et 8, puis 9 et 10 (jaunes et verts).
- Les rectangles 11 et 12 formant le buste sont également superposés et réunis par quelques points aux aiguilles.
- Fixer bras, jambes et tête autour du buste (voir dessins page 7).
- Sur les 2 faces de la tête, broder des yeux, une bouche et des cheveux avec ce qui reste des pelotes utilisées pour cet ouvrage.

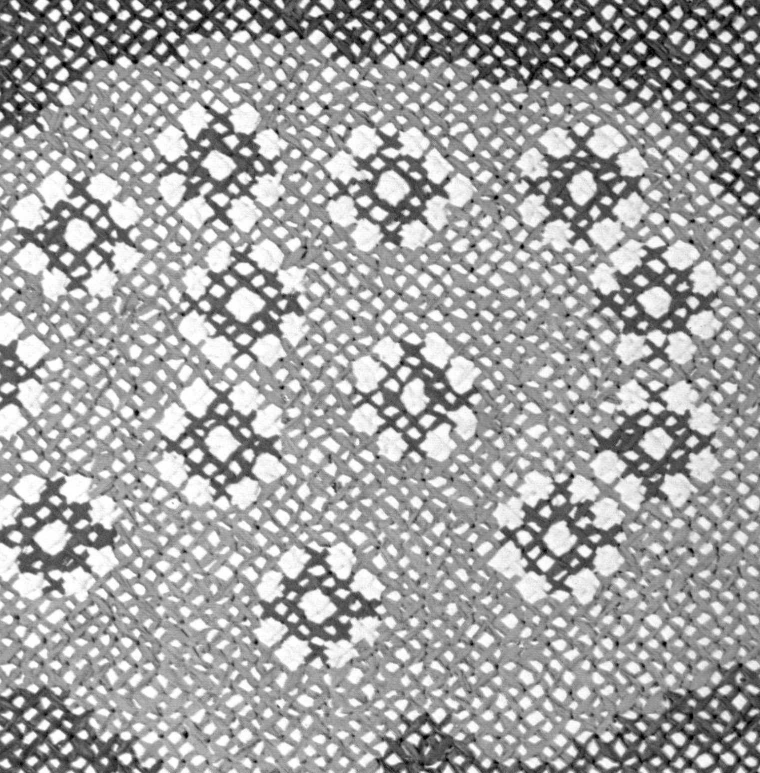

LA BRODERIE

Comme pour le chapitre précédent le « fil de papier » est ici utilisé en remplacement de certains fils classiques de travaux à l'aiguille.

Quelques lecteurs se demanderont peut-être pourquoi vouloir changer de matériau.

Outre l'originalité de la matière qui donne un aspect totalement imprévu à ces broderies nous ajouterons 3 données pratiques.

- **Le fil de papier est plus gros que le plus gros des cotons à broder,** donc la broderie s'exécute plus rapidement et, lorsque le sujet choisi présente de larges surfaces à remplir, elle est rapidement faite.

Certes certaines finesses sont impossibles, encore qu'il ne soit absolument par interdit d'utiliser d'autres fils en complément du fil de papier.

- **Le fil de papier est plus souple que le raphia** parfois utilisé pour la broderie en grandes surfaces, donc les travaux réalisés n'acquièrent pas cette sorte de raideur assez désagréable que produit cette fibre.
- **Le fil de papier est moins cher que la laine à tapisserie.** Nul n'ignore que la décoration moderne s'accommode et s'enrichit fort bien de grandes tapisseries. Certes si les plus patientes se lancent encore dans le petit point, le plus souvent actuellement le travail de tapisserie est traité à larges points lancés contrariés en différents sens. Dans ce cas si la rapidité d'exécution peut se comparer à celle de la broderie de papier, la différence de dépense n'est même pas à souligner. Avec du papier on n'hésitera pas à envisager un grand, et même un très grand panneau.

Un seul inconvénient : les broderies, bien entendu, ne sont pas lavables, mais un bon brossage avec une brosse souple pour enlever la poussière leur assure une certaine pérennité.

Pour support à nos broderies, nous utiliserons des éléments eux aussi simples et originaux : vieux tricot, tissu à large maille, canevas de papier, treillage, etc.

Donnons quelques précisions au sujet de ce dernier support :

On trouve dans les grands magasins ou dans les quincailleries du grillage plastique blanc formé de fils rigides espacés d'un demi-centimètre.

Ce grillage a l'apparence d'un canevas à tapis mais il est plus rigide et beaucoup moins onéreux. Sa rigidité, non exempte de souplesse, se prête facilement aux travaux d'aiguille.

Le manipuler avec soin pour ne pas risquer de se piquer aux angles, même s'il ne s'agit que d'une désagréable égratignure. Si le travail de broderie doit être exécuté par de jeunes enfants on prendra quelques précautions supplémentaires : supprimer avec les ciseaux toutes les aspérités du pourtour lorsque la forme de base sera découpée. Au besoin, même, limer les petites aspérités qui pourraient subsister.

LE DESSOUS DE BOUTEILLE

Voir photo page 55.

C'est un premier petit travail très simple qui conviendra bien aux petits.

Matériel

- Une aiguille à canevas.
- Pelotes de papier crépon formées de lanières longues et fines (1 ou 2 cm de large).
- Un carré de treillage de 14 cm de côté.

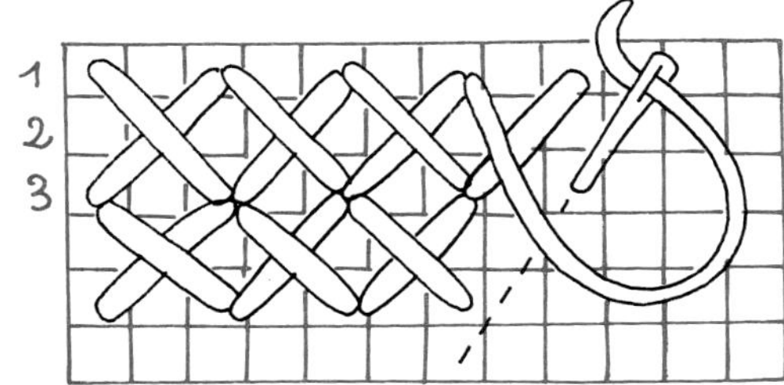

Réalisation

- Découper un carré de 23 petits « trous » de côté (soit environ 11,5 cm).
- Le point utilisé est le point de croix classique. Chaque point de croix s'exécute à l'aiguille sur une surface comprenant 3 « trous ».
- Commencer la broderie au centre ou au bord du grillage.

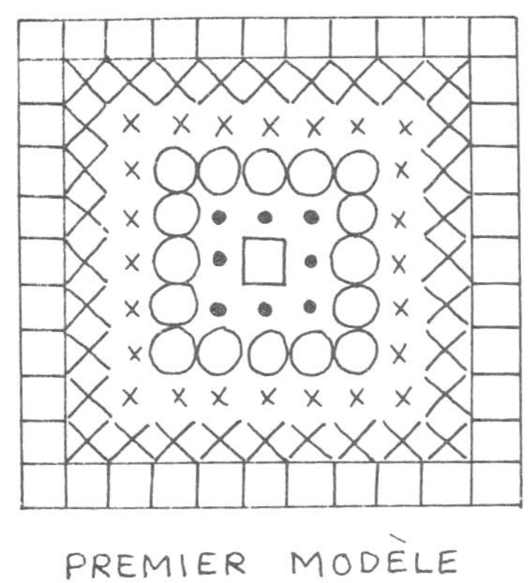
PREMIER MODÈLE

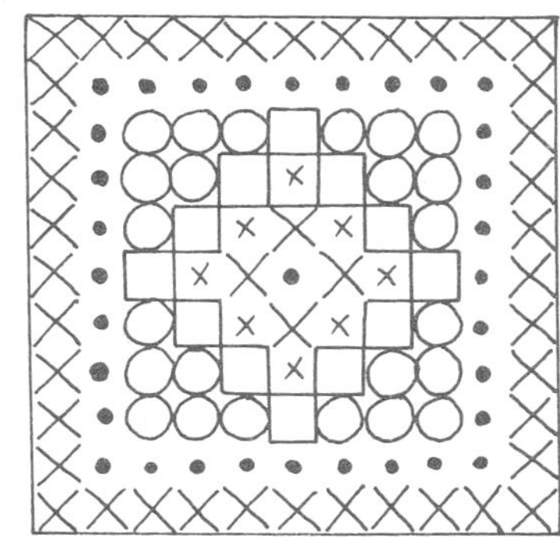
SECOND MODÈLE

LA FLEUR BRODÉE

Voir photo page 58.

Petit ou grand panneau décoratif mural ou dessus de coussin, cette fleur deviendra ce que vous en ferez.

SOLEIL

Matériel

- Un pull-over de laine usagé, dont la laine assez épaisse est tricotée au point mousse, au point de riz ou au point de jersey (un point régulier de préférence).
- 2 ou 3 pelotes de crépon composées de lanières longues et fines dont la largeur n'excède pas 1 cm.
- Une aiguille à canevas.

Réalisation

LES POINTS EMPLOYES

- Le point de tige.
- Le point de chaînette.
- Le point lancé.

Il existe bien sûr une quantité d'autres points plus ou moins faciles. Nous avons choisi les plus simples.

Important : Plus le point du tricot utilisé comme support est large, plus la broderie sera facile d'exécution.

LE SUPPORT

- Découper sur le dos (ou le devant) du tricot usagé un carré ou un rectangle selon la dimension de l'ouvrage envisagé et son utilisation.
- Commencer la broderie au centre par un motif très simple, soit ici un petit cercle au point lancé pouvant figurer le cœur de la fleur.
- Ajouter des motifs autour de ce rond brodé : pétales exécutés au point de tige et remplis au point de chaînette.

C'est une suggestion parmi beaucoup d'autres :

motifs d'inspiration folklorique,

animaux stylisés : chat, oiseaux, lion, papillon,

dessins géométriques (damiers etc.),

soleils, étoiles.

LE PATCHWORK

- Assembler par une couture 4, 6 ou 8 carrés brodés d'un motif simple et central, tel que des fleurs (marguerites et gentianes par exemple).

Les possibilités créatives restent nombreuses, à chacun de choisir selon son goût et sa patience.

LE CANEVAS DE PAPIER

Voir photo page 61.

Matériel

- Une feuille de bristol léger ou de papier à dessin, blanc, de 30 cm de côté.
- 3 ou 4 pelotes de papier crépon, formées de fines et longues lanières de 1 cm de large.
- Une règle plate graduée.
- Un crayon de papier HB
- Une aiguille à tricoter du nº 4 ou 5, ou un poinçon.

Réalisation

FABRICATION DU CANEVAS DE PAPIER

- Sur une feuille de papier à dessin blanc de 30 cm de côté tracer légèrement au crayon des lignes horizontales et verticales espacées de 1 cm et perpendiculaires entre elles.
- A chaque intersection percer un trou à l'aide de l'aiguille à tricoter ou du poinçon (voir croquis page 71).
- Cela fait au total 841 trous à percer (ce petit travail s'exécute heureusement très vite).

Ce support de papier parsemé d'une multitude de petits trous tient lieu de gros canevas (canevas à tapis, par exemple) fort coûteux, et que l'on ne trouve pas toujours aisément.

Le canevas de papier a l'avantage d'être bon marché, résistant (sauf à l'eau), original, et de

CHAT

CARRÉS ASSEMBLÉS.

manipulation fort simple car il est impossible de se tromper de trou au cours de la broderie, l'erreur se voyant tout de suite.

C'est un excellent support d'ouvrages pour les jeunes enfants et les débutants.

LA BRODERIE

L'ouvrage est réalisé au point de croix.

Le motif proposé, ici, est un arbre en fleurs, mais libre à chacun de choisir un autre thème : dessins géométriques, par exemple, fleurs, animaux, paysages divers selon la destination de l'ouvrage.

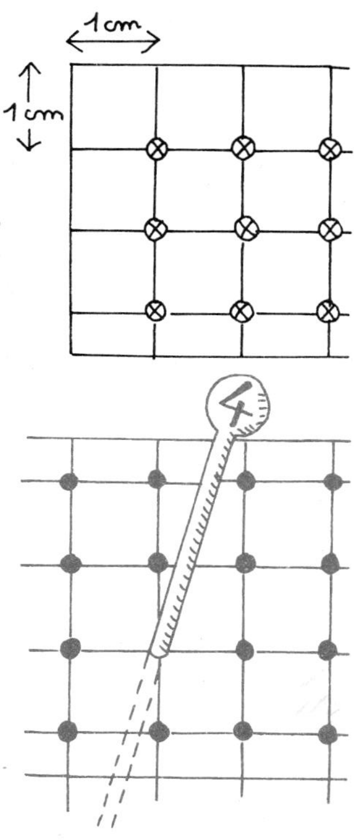

LES POUPÉES GIGOGNES

Voir photo page 63.

Matériel

- Quelques bandes de grillage plastique de tailles différentes.
- Pelotes de papier crépon (rose, jaune, violet, turquoise et orangé, par exemple).
- Une aiguille à canevas.
- Du raphia.

Réalisation

POINTS UTILISES

Points de tapisserie verticaux, horizontaux et obliques, s'étalant sur plusieurs « trous » du grillage. Ces points sont simples et rapides.

D'autres points sont possibles selon les connaissances et l'habileté de l'exécutant. Il choisira ceux qui lui conviennent le mieux.

EXECUTION D'UNE POUPEE « TUBE » (PERSONNAGE FEMININ)

- Découper une bande de grillage d'une longueur de 15 cm (c'est-à-dire 48 petits « trous ») et d'une hauteur égale à 16 cm (soit 32 « trous »).

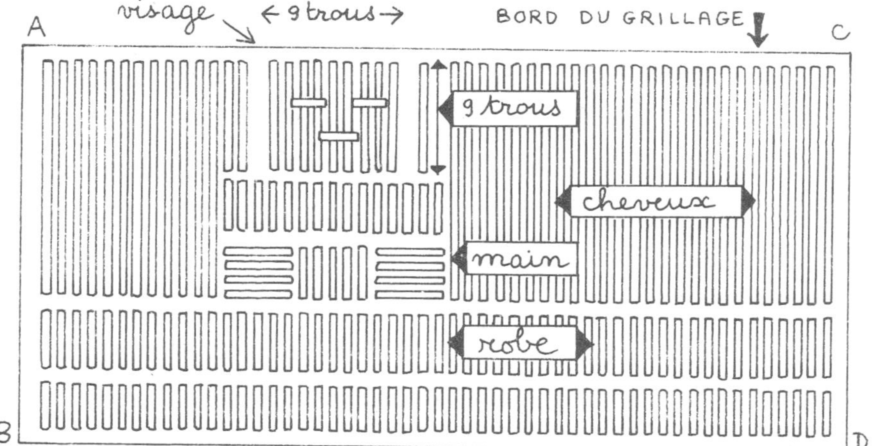

LE VISAGE

- La hauteur du visage représente environ le quart de la hauteur totale.
- Dans le sens de la hauteur, au milieu et en haut du grillage, sur une hauteur et une largeur de 9 « trous », broder le visage à l'aiguille, aux points lancés verticaux.
- 3 traits brodés horizontalement figurent les yeux et la bouche (2 traits bleus pour les yeux, un trait rouge pour la bouche).
- Exécuter les mains : 5 « trous » au-dessous du visage. Chaque main se compose de 5 points lancés roses, horizontaux, et d'une longueur égale à 6 « trous ».
- Les cheveux partent du haut du grillage jusqu'au bas des mains.

LA ROBE

- Broder le reste de grillage en bleu et violet aux points de tapisserie verticaux.
- Le travail terminé former un cylindre sans fond, en réunissant (par une couture de raphia ou de fil de papier crépon) les bords AB et CD.

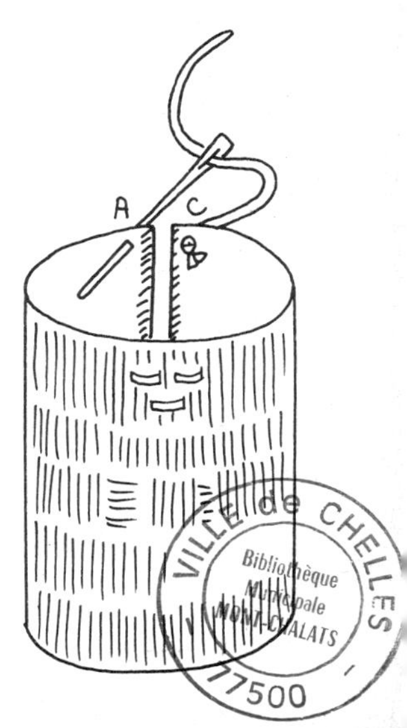

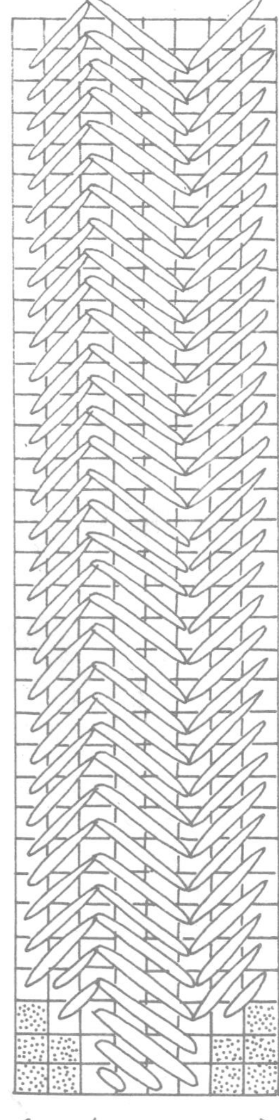

FINITION

Un dernier rang au point de surjet exécuté en haut et au bas de la figurine terminera l'ouvrage et camouflera le grillage encore visible.

La poupée est certainement réussie et il sera facile d'en réaliser d'autres plus petites et plus grandes que la figurine proposée.

Ces poupées s'emboîtent à la façon des Matriachkas d'Union Soviétique. Elles peuvent donc, au gré de chacun, devenir jouets, bibelots, voire même rond de serviette.

Une fois encore l'exemple proposé doit stimuler l'imagination et on trouvera des poupées très diverses en pensant aux différents corps de métiers (boulanger, ramoneur ou infirmière) ou à des personnages de l'Histoire (rois ou sans-culotte).

LE SERRE-TÊTE

Voir photo page 46.

Matériel

- 2 ou 3 pelotes de papier crépon.
- Une bande de grillage plastique (30 à 35 cm de longueur sur 4 cm de largeur).
- Une aiguille à canevas.
- Du fil élastique.

Réalisation

- Tout d'abord il est nécessaire d'arrondir les 4 angles de la bande de grillage pour des raisons de sécurité mais aussi d'esthétique.
- Couper également aux ciseaux les petites pointes dépassant sur le périmètre du grillage. Le pourtour doit être absolument lisse.
- Broder la bande de grillage selon le goût, l'imagination de chacun, et en tenant compte aussi de la couleur des cheveux.

• La broderie terminée, achever l'ouvrage par une rangée au point de surjet réalisée sur les bords du serre-tête pour cacher le grillage encore visible.

• Enfin, fixer un fil élastique joignant les 2 extrémités et le régler suivant le tour de tête.

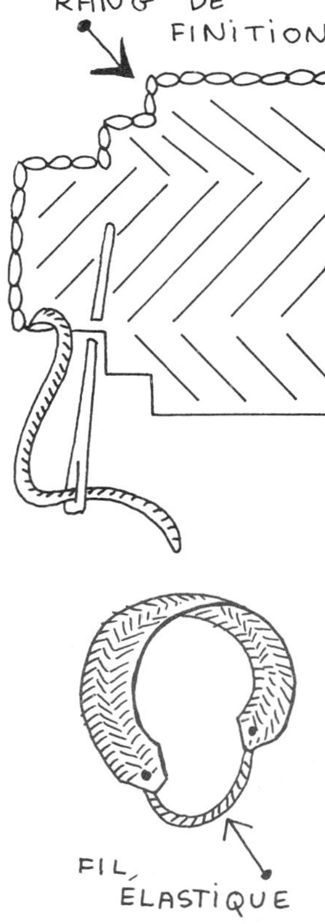

LA CORBEILLE BRODÉE

Voir photo page 55.

Matériel

• Un premier rectangle de grillage de 80 cm de long et de 22 cm de haut (22 cm = 42 cases).

• Un second rectangle de grillage de 30 cm de longueur (58 cases) et de 18 cm de largeur (34 cases).

• Une aiguille à canevas.

• 6 pelotes de papier (formées de lanières fines de 1,5 cm de large).

• De la ficelle de lin.

• Eventuellement un morceau de toile de lin ou de coton pour doubler la corbeille.

Important : La broderie de la corbeille nécessite de très nombreux « fils » de papier. Les pelotes doivent être bien fournies pour que le travail ne soit pas interrompu trop souvent.

Réalisation

Il s'agit ici de 8 bandes de couleurs différentes, brodées au point de tapisserie, couché et plat.

Les couleurs employées pour l'exécution de l'ouvrage sont de haut en bas :

jaune (rangs 1 et 7)
orangé (rangs 2 et 8)
rose (rang 3)
violet (rang 4)
turquoise (rang 5)
vert (rang 6)

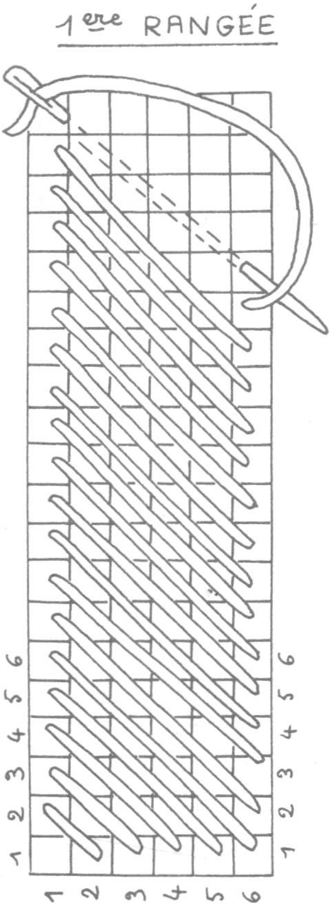

1ère RANGÉE

1 2 3 4 5 6

1 2 3 4 5 6

1 2 3 4 5 6

(1) (3)

15 cm 9 cm 15 cm

9 cm

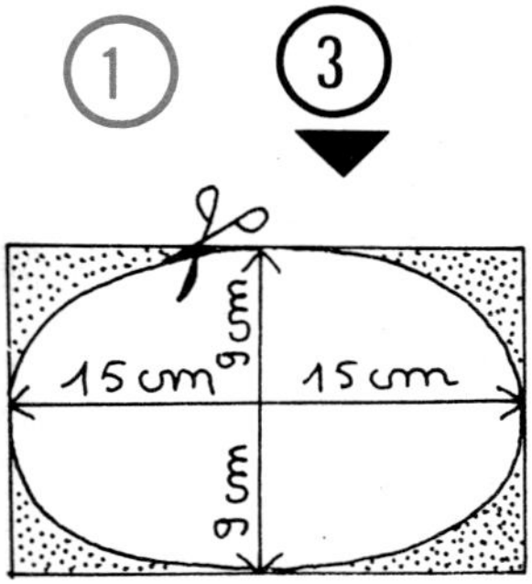

LE POINT COUCHÉ

- Chaque point représente la diagonale d'un carré de 6 « trous » de côté.
- Les points d'une rangée doivent être rigoureusement parallèles.
- Diminution des angles de chaque rangée : broder 5 points, dégradés et toujours parallèles aux autres (voir croquis 1).

Cette corbeille peut également être brodée aux points horizontaux et verticaux de hauteur différente.

LE TOUR DE LA CORBEILLE

- Sur toute la longueur du grillage (soit 80 cm) pratiquer à l'aiguille une rangée de points couchés sur la droite avec la pelote jaune.
- Le deuxième rang se réalise de la même façon, mais les points sont couchés cette fois sur la gauche, ce qui nécessite de tourner l'ouvrage pour être dans le bon sens(2).
- Les autres rangées brodées s'exécutent comme les 2 premiers rangs.

LE FOND DE LA CORBEILLE

- Utiliser le second morceau de grillage.
- Couper aux ciseaux les 4 angles en arrondi pour obtenir un ovale (3).
- Il peut être brodé si l'on désire un objet très soigné.

MONTAGE

- Une première couture solide, faite à l'aide d'une aiguille à canevas et d'un long brin de raphia, fixe le fond au bord brodé.
- Les bords du côté brodé, réunis par une seconde couture, verticale, termineront l'ouvrage.
- Des retouches brodées sont nécessaires le long de cette deuxième couture pour la rendre la plus discrète possible.

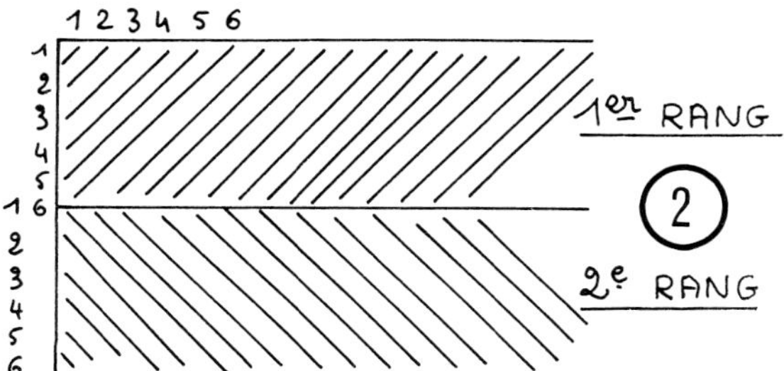

● Un point de surjet, pratiqué avec une aiguille à canevas et du « fil » de papier crépon, masquera le reste de grillage encore visible au bord supérieur de la corbeille.

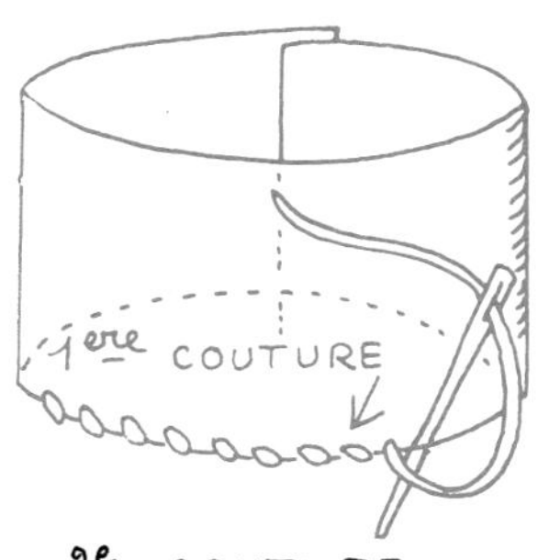

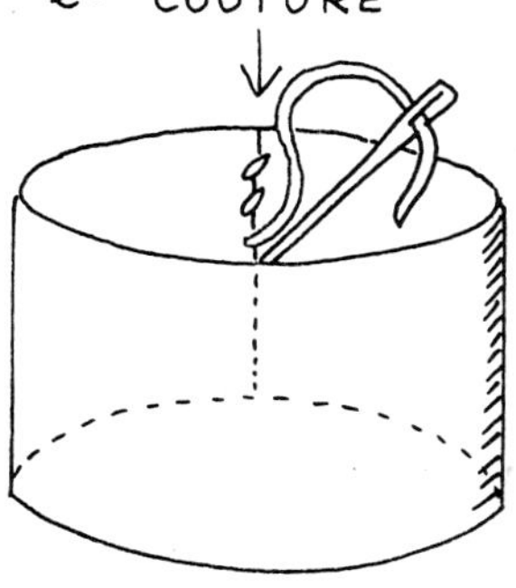

DOUBLURE DE LA CORBEILLE

Elle n'est pas indispensable, mais assure plus de « fini » à l'objet en dissimulant l'envers de la broderie avec ses nœuds et ses raccords, jamais très esthétiques.

● Découper un rectangle de toile de 82 cm de long et de 28 cm de large.

● Superposer les 2 largeurs et faire une couture à 1 cm du bord (sur l'envers du tissu).

● Toujours sur l'envers coudre 2 ourlets de 1,5 cm de haut, perpendiculaires à la couture précédente.

● Retourner la « housse ».

● La glisser à l'intérieur de la corbeille et la fixer par quelques points à l'aiguille (utiliser un fil très solide).

LA HOUSSE

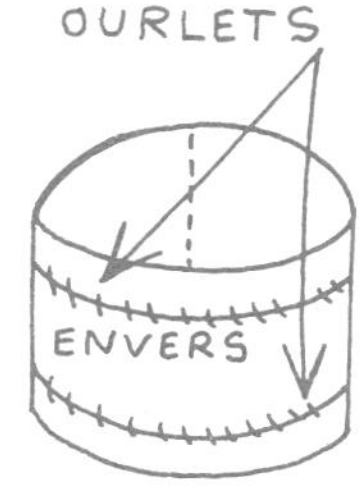

L'ABAT-JOUR

Voir photo page 43.

Très élégant, ce luminaire ne déparera aucun intérieur et vous aurez l'amusement d'étonner vos amis en leur révélant quelle est la matière utilisée car, à première vue, il est impossible de déceler qu'il s'agit de papier.

Matériel

- Un rectangle de grillage de plastique (40 cm de hauteur sur 90 cm de longueur).
- 4 grosses pelotes de papier crépon (rose, mauve, violet clair et bleu). Les lanières composant les pelotes ont 3,5 cm ou 4 cm de large.
- 3 baguettes de bois, rondes, longues de 1 mètre sur 0,7 cm ou 1 cm de section (on peut utiliser des tiges d'osier), ou 6 tiges de 50 cm. On trouve ces baguettes chez tous les menuisiers ou dans certains grands magasins.
- Du fil de fer assez fort.
- Une pince.
- Une douille pour l'ampoule électrique.
- 1 mètre ou 2 de fil électrique.
- Du raphia ou de la ficelle fine.

Réalisation

POINTS EMPLOYES

Ce sont des points verticaux, dégradés en forme de losange régulier (genre point de Hongrie).

Chaque losange comprend 7 points verticaux dont le point central (le plus grand de tous) s'étire sur 10 « trous ».

Chaque rangée de broderie s'exécute sur une largeur de 10 « trous » et une longueur égale à celle du grillage.

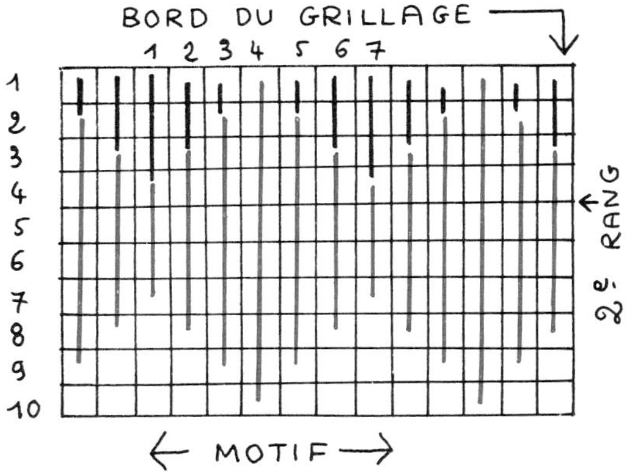

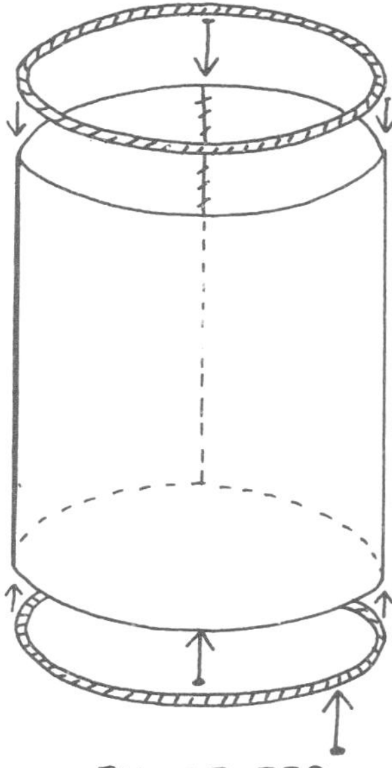

LA BRODERIE

• Le premier rang, au bord du grillage, est un demi-motif dont le plus grand point couvre 4 « trous » du grillage (voir dessin).

• Dès le 2e rang broder le motif complet et continuer jusqu'au bas de la bande.

• Terminer comme en haut par un demi-motif.

• A titre d'indication les couleurs utilisées pour la réalisation de l'objet présenté sont dans l'ordre, à partir du haut : bleu ciel, rose, violine clair, mauve, bleu ciel, etc.

• Pour faciliter l'exécution tenir l'ouvrage à plat.

• La broderie terminée former et fermer le cylindre sans fond avec une couture bord à bord, solide, exécutée sur l'endroit, au raphia ou à la ficelle.

• Avec le reste des pelotes faire les raccords tout au long de cette couture pour masquer les points.

L'ARMATURE

• Mesurer le pourtour du diamètre du cylindre fermé, et couper 2 longueurs de fil de fer de cette dimension.

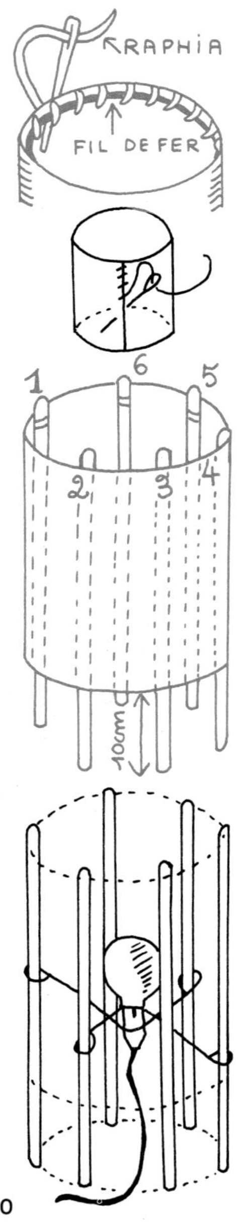

- Former 2 cercles les plus réguliers possibles et les fixer au point de surjet à l'intérieur du cylindre, à chacune des extrémités.
- Faire cette couture soit avec du raphia, soit avec du fil de papier crépon de la même couleur que les demi-rangs en haut et en bas de l'abat-jour.

LES PIEDS DE L'ABAT-JOUR

- Couper les baguettes de bois en 2 parties égales pour obtenir 6 baguettes de 50 cm de long.
- Les fixer à l'intérieur de cylindre en ayant soin de mesurer pour obtenir des espacements réguliers.
- Les baguettes dépassent le bas de l'abat-jour sur une hauteur de 10 cm, formant pieds.
- Il suffit de les fixer au treillage par 3 ligatures solides, une en haut , une au milieu et l'autre en bas, mais ces attaches doivent être discrètes et ne pas se voir sur l'extérieur du travail.

MONTAGE DE L'AMPOULE

- Prendre une douille ordinaire.
- Monter le fil électrique avec la prise et une olive si nécessaire.
- La placer entre 2 fils de fer. Torsader de part et d'autre en serrant bien jusqu'à ce que la douille ne bouge plus.
- Attacher les 4 extrémités du fil de fer à 4 des 6 « pieds » de l'abat-jour (voir croquis).

Le luminaire est prêt à être utilisé.

Dans cette partie, nous en revenons à une utilisation plus courante du papier crépon, bien que très souvent animateurs et enseignants ne pensent pas toujours à l'intégrer aux autres travaux de collage.

LA MOSAÏQUE EN PETITS APLATS

Voir photo page 34.

Voici une méthode très décorative qui amusera bien des passionnés de décoration d'intérieur.

Matériel

- Chutes ou morceaux de crépon de différentes couleurs.
- Une feuille de bristol ou du carton.
- Colle à papier.
- Quelques assiettes.

Réalisation

- Dans chaque couleur de papier découper des petits carrés, rectangles, trapèzes, losanges, cercles, triangles, etc.
- Placer les morceaux de même couleur dans une assiette.

Les couleurs ainsi classées permettent un travail facile et plus agréable. Les assiettes seront un peu comme la palette d'un peintre.

• Sur le carton, dessiner légèrement au crayon un motif, le plus simple possible pour débuter.

Faire, s'il le faut, des projets de petites dimensions (brouillons) parmi lesquels sera choisi celui qui guidera le dessin sur le carton.

• Ce choix établi il faut décider si la mosaïque comportera un fond réalisé suivant la même technique, ou si l'on désire simplement traiter le sujet en le laissant se détacher sur le fond du support.

• Dans le premier cas commencer le travail par le fond, le sujet y gagnera en relief.

Le travail est simple : coller et faire chevaucher les petits papiers découpés (ne pas mettre trop de colle, 3 ou 4 points suffisent).

Le fond doit déborder légèrement sur le dessin pour que le carton ne réapparaisse pas lors du « remplissage » du motif.

• Le fond décoré, la partie la plus agréable reste à faire. C'est un travail relativement artistique où l'imagination guidera les doigts.

Remplir le motif tracé avec des « paillettes » de papier crépon de couleurs, comme le mosaïste pose ses éclats de pâte de verre ou de pierre.

LE PANNEAU JAPONAIS

Voir photo page 70.

Ici nous combinerons 2 techniques, la broderie et la mosaïque, ce qui confère une certaine originalité à ce travail, inspiré de loin des broderies orientales.

Matériel

• 4 ou 5 rouleaux de papier crépon. Par exemple choisir un dégradé de tons chauds (du vermillon au jaune d'or), ou de tons plus froids (du vert émeraude au vert anglais clair, en passant par le bleu).

• Une aiguille à canevas.

• Un poinçon.

- De la colle.
- Du carton ou bristol (blanc ou bis de préférence) format raisin (50 x 65).

Réalisation

- Préparer quelques petites pelotes formées de lanières longues et étroites découpées dans le sens de la longueur du rouleau (la largeur des lanières sera de 1,5 cm).
- Les pelotes prêtes, découper des petits morceaux rectangulaires dans les restes de papier.
- Les classer par couleur dans des assiettes ou des bols.
- Sur la feuille de carton, dessiner d'un trait léger une branche et ses rameaux.
- Aux extrémités de chaque rameau dessiner de grands traits en éventail.
- A l'aide d'un poinçon (ou de la pointe des ciseaux) percer des trous aux extrémités de chaque trait dessiné en éventail. Les trous seront légèrement plus grands à la base de l'éventail pour permettre de passer plusieurs fils dans le même trou.
- Décorer l'intérieur de la branche en collant des fragments de papier.
- Placer les couleurs harmonieusement en suivant le dessin. Ces fragments figurent l'écorce de la branche et rappellent quelque peu la broderie dite « peinture à l'aiguille ».

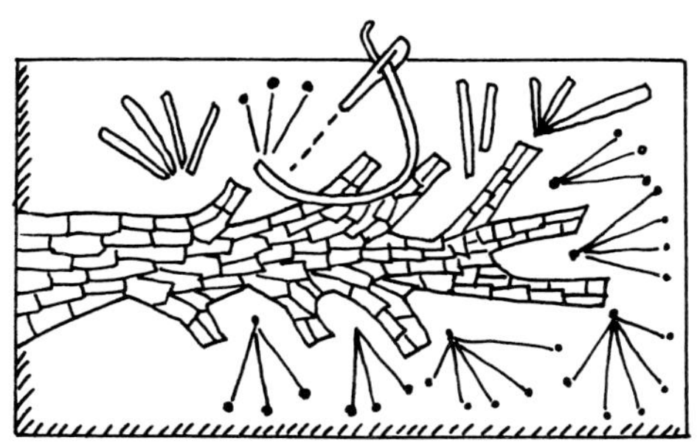

• Avec du fil de papier et une aiguille à canevas, broder les brindilles au point lancé.

• Ces brindilles sont exécutées en camaïeu, comme « l'écorce » de la branche.

• L'ouvrage terminé, effacer délicatement les traits de crayon encore visibles sur le carton (le fond blanc doit être impeccable).

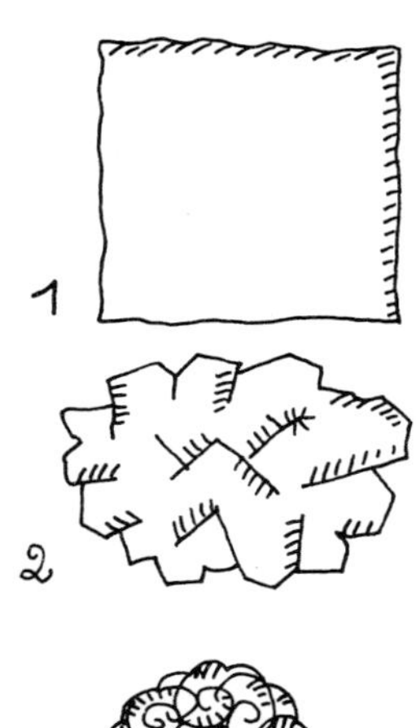

LE PANNEAU EN RELIEF

Voir photo page 72.

Ici l'utilisation du papier crépon en petites boulettes donne un amusant relief.

Matériel

• Du papier crépon de différentes couleurs (des chutes conviendront fort bien).

• Du carton blanc ou coloré.

• De la colle.

Réalisation

• Découper de très nombreux petits morceaux de papier de différentes couleurs.

• Les froisser et les rouler en boules de la grosseur d'une petite cerise.

• Les disposer, par couleur, dans des assiettes, pour faciliter l'exécution.

• Sur le carton, tracer un dessin simple : une fleur, un papillon, un arbre, par exemple.

• Encoller la partie à décorer par petites surfaces.

• Sur la surface encollée placer les boules les unes à côté des autres.

• Vérifier que les boules adhèrent bien, au besoin ajouter un peu de colle sur le dessous si quelques boulettes se défont.

L'exécution amusante et facile donne un résultat agréable immédiat si la disposition des couleurs est bien choisie.

Qui d'entre nous n'a eu l'occasion d'admirer ces charmantes figurines exécutées en feuilles de maïs et qui proviennent généralement d'Europe Centrale ?

Mais le maniement des feuilles de maïs est assez délicat. C'est pourquoi ici nous nous contenterons de nous inspirer de cette technique, mais nous remplacerons les feuilles de maïs par des feuilles... de papier crépon.

LA FERMIÈRE

Voir photo **page 67**.

Matériel

- Quelques rouleaux de papier crépon (rose, bleu, **orangé**, vert, etc.).
- Du fil solide ou du raphia.
- Un peu de coton hydrophile.
- De la colle.
- Crayons-feutre pour colorer le visage.

Réalisation

LA TETE ET LE BUSTE

- Découper 2 lanières de crépon dans le sens des fibres (de 25 cm de longueur et 15 cm de largeur).
- Poser une lanière à plat.

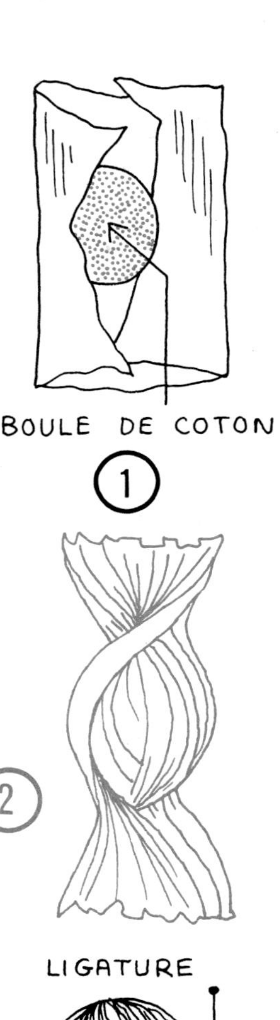

- Placer une boule de coton de 6 à 7 cm de diamètre sur la lanière, approximativement au milieu (1).
- Recouvrir la boule de coton avec la seconde lanière.
- Enrouler la boule de coton dans les 2 lanières (2).
- Torsader l'extrémité supérieure des lanières.
- Les retourner vers le bas en enveloppant la proéminence formée par la boule de coton.
- Avec un brin de raphia (ou de fil) faire une ligature pour souligner le cou (3). Le bas du papier sous cette ligature servira à former le buste.

LES BRAS

Ils sont faits d'une seule pièce :

- Découper une lanière dans le sens des fibres (15 cm environ de longueur et 10 à 12 cm de largeur).
- Réduire la largeur en la pliant en accordéon (4).
- Avec du fil (ou du raphia) faire une ligature à 1,5 cm de chaque extrémité de la bande de papier crépon.

LES MANCHES BOUFFANTES

- Ce sont 2 morceaux de papier crépon (toujours découpés dans le sens des fibres) enroulés aux extrémités des bras, ligaturés audessus de la première ligature qui figure le poignet (5), puis retournés avec précaution.
- Fixer le haut du papier retourné avec du fil (6).
- Glisser les bras sous la tête, c'est-à-dire entre les 2 morceaux qui figurent le corps de la fermière (7).

LA JUPE

- Tout d'abord marquer la taille par une ligature pratiquée sous les bras.

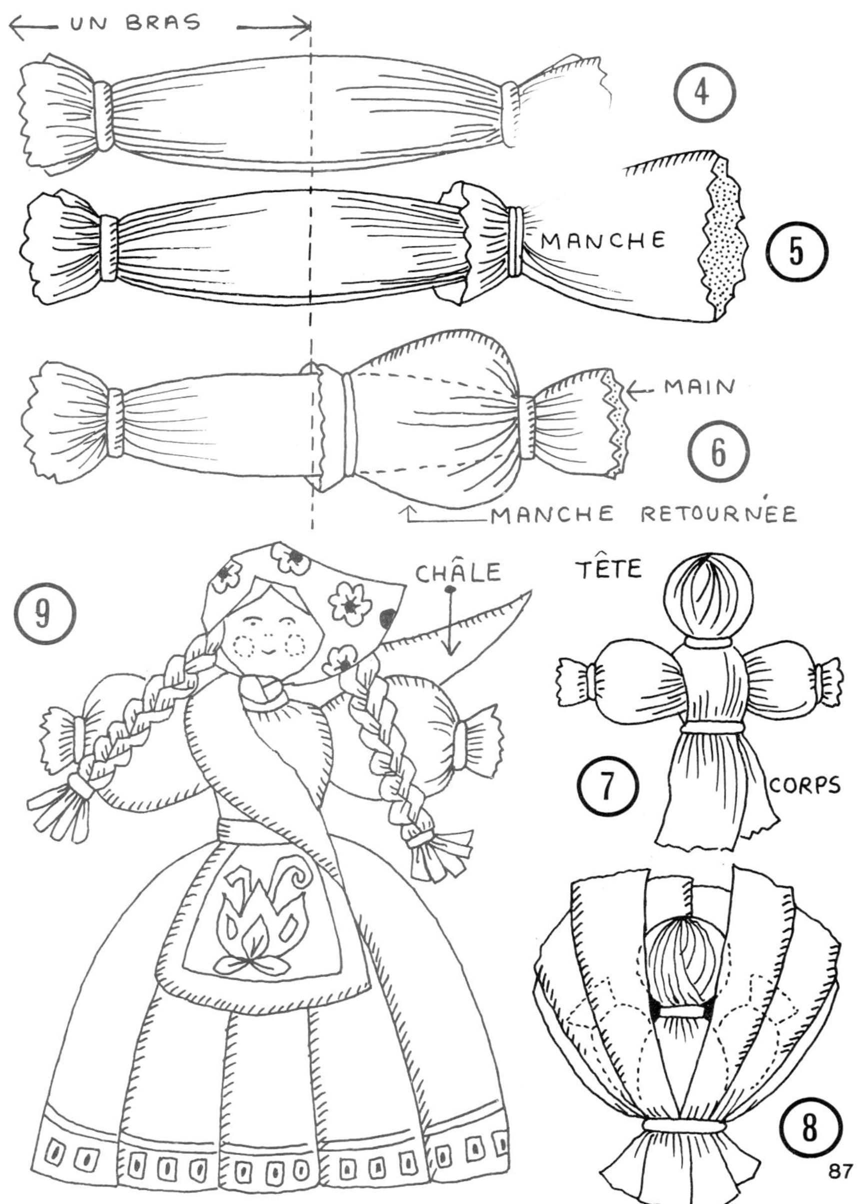
UN BRAS
4
MANCHE
5
MAIN
6
MANCHE RETOURNÉE
CHÂLE
TÊTE
9
CORPS
7
8

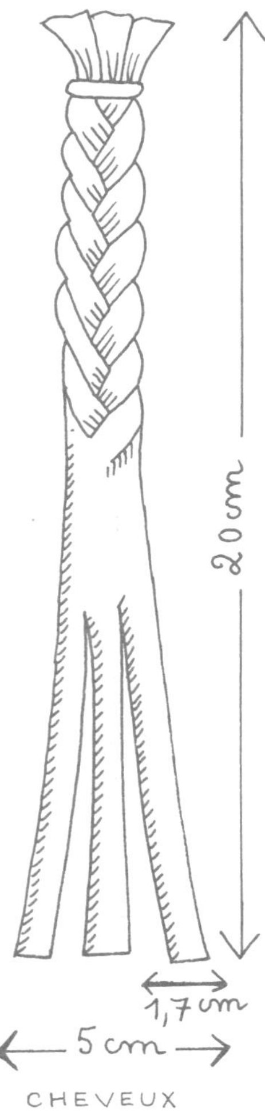

CHEVEUX

- Lever délicatement les bras.
- Envelopper la poupée avec 6 ou 7 lanières prises dans le sens des fibres (20 à 30 cm de longueur et 8 cm de largeur).
- Ficeler les bandes à la taille (8).
- Les rabattre délicatement et les égaliser aux ciseaux.
- Coudre avec du fil (ou coller) un galon de papier crépon au bas de la jupe, pour qu'elle ait de la tenue et que les bandes de papier ne s'écartent pas.

LE TABLIER

- Découper un petit rectangle de papier crépon.
- Le fixer autour de la taille par un fil.

LE CHALE

C'est une longue lanière étroite croisée devant et nouée derrière (9).

LES CHEVEUX

- Ils sont formés avec une lanière de crépon jaune ou orangé (20 cm de longueur et 5 cm de largeur).
- A chaque extrémité de cette bande découper dans le sens de la longueur, sur 8 cm environ, 3 lanières de même largeur, et les tresser en nattes (10).
- Coller les cheveux (ou les épingler) sur le sommet de la tête.

Pour terminer

- Dessiner les traits du visage avec des crayons-feutre.
- Placer un petit foulard triangulaire de tissu (ou de papier crépon) sur la tête.

Ceci est la technique de base. Chacun peut, bien entendu, enrichir sa poupée comme il l'entend :

tablier découpé en dentelle et recollé sur un fond ;

décor de la jupe, du châle, du foulard, par de petits découpages collés,

ou même changement de coiffure et remplacement du foulard par un chapeau fleuri ou une petite coiffe inspirée des costumes régionaux.

LE FERMIER

Voir photo **page 67**.

Matériel

Le même que celui indiqué pour la fermière.

Prévoir également :

- 2 allumettes.
- **Une petite rondelle de liège si l'on veut que la poupée tienne debout à côté de son épouse.**

Réalisation

La **tête,** le **torse** et les **bras** se font exactement comme ceux de la fermière, sauf les manches bouffantes.

Ici elles sont remplacées par une bande de papier crépon **enroulée autour des bras d'une ligature à l'autre,** et fixée à l'aide d'un point de colle.

LA CULOTTE BOUFFANTE

- Fixer des lanières autour de la taille comme pour la jupe de la fermière.
- Les retourner.
- Les séparer en 2 pour former les pantalons (1).
- Les ligaturer avec une étroite bande de papier crépon, **enroulée du genou au pied** (2, page 90).
- Pour que la figurine tienne debout, glisser une allumette dans chaque pied. Puis planter ces allumettes dans une rondelle de liège.

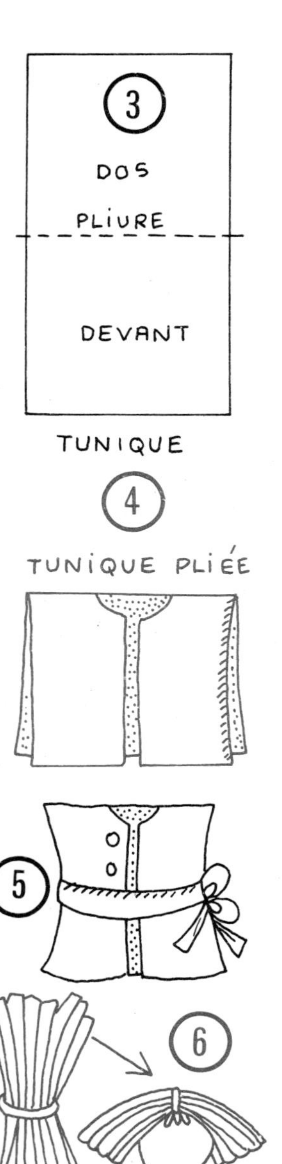

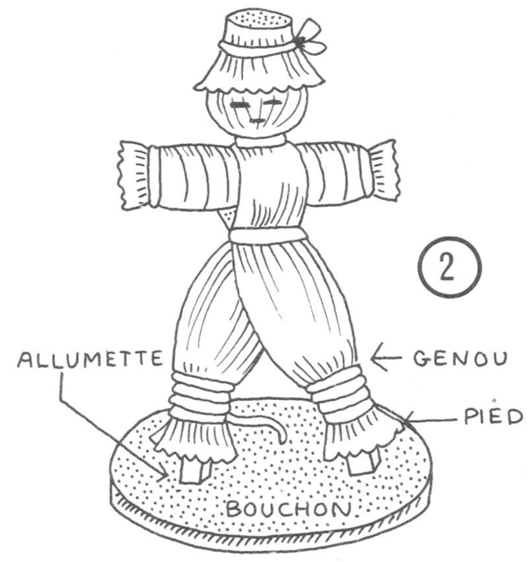

LA TUNIQUE

- C'est un rectangle de papier de crépon de 22 cm x 14 environ.
- Plier le morceau de papier crépon en 2 par le milieu dans le sens de la largeur (3).
- Au milieu de la pliure découper un petit demi-cercle pour former l'encolure.
- Puis sur le devant pratiquer une fente aux ciseaux (4).
- Enfiler la tunique sur le personnage.
- La fixer à la taille par une ceinture (petite bande de papier crépon, ou raphia). Ne pas la serrer (5).

LES CHEVEUX

- Coller quelques brins de laine ou de raphia sur le sommet de la tête en encadrant le visage (6).

LE CHAPEAU

- Découper une lanière (de 4 ou 5 cm de large et de 12 cm de long environ) dans le sens opposé aux fibres.
- L'enrouler autour de la tête et la fixer avec un fil de laine et un peu de colle.
- Avec les doigts, étirer légèrement le bord inférieur du chapeau pour l'évaser.

POUR FINIR

- Tracer les traits du visage avec des crayons-feutre.
- Marquer de même boutons et boutonnières sur la tunique.

LA POUPÉE JAPONAISE

Voir photo **page 66**.

Réalisation

La réalisation de la **tête,** des **bras,** du **buste** et des **pantalons** est la même que celle du fermier. Simplement la ligature des pantalons se fait seulement dans le bas et à l'aide d'un fil quelconque car elle sera cachée par la suite.

Par contre le personnage est habillé de 2 tuniques.

LA PREMIÈRE TUNIQUE

Elle est longue et descend jusqu'aux pieds.

- Couper un rectangle de papier crépon de 40 cm de long sur 15 cm de large environ.
- Le plier dans le sens de la longueur.
- Découper l'encolure. Fendre complètement le devant et fendre également au milieu du dos jusqu'à la moitié de la **hauteur (1, page 92)**.
- L'enfiler sur la poupée.
- Serrer à la taille par une large ceinture faite avec une bande de papier crépon de 4 cm de large (2).

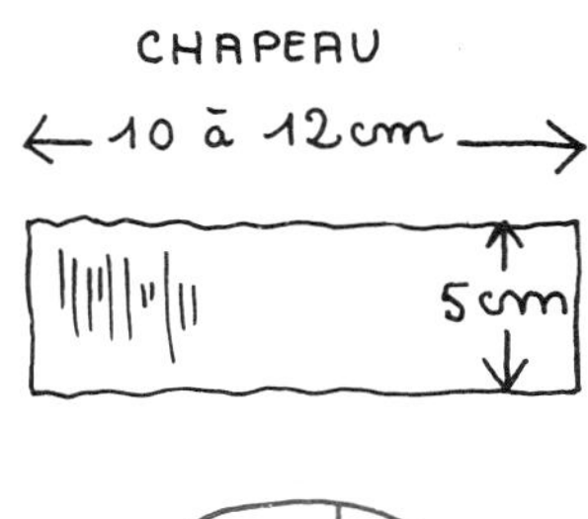

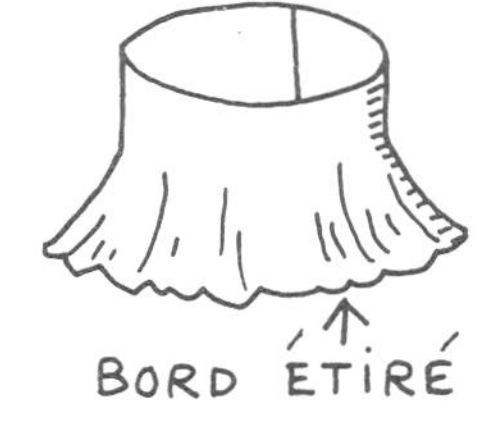

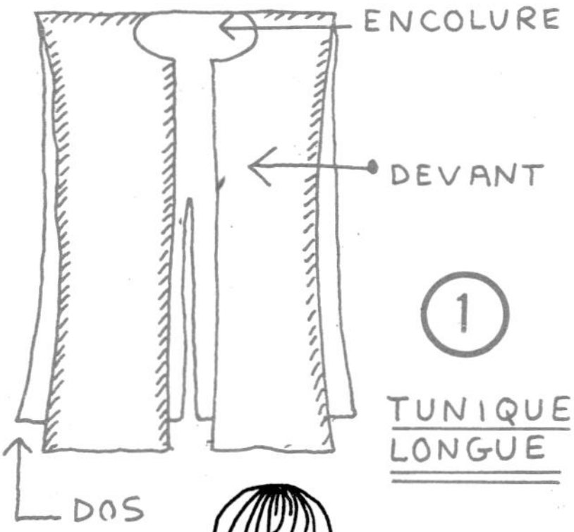

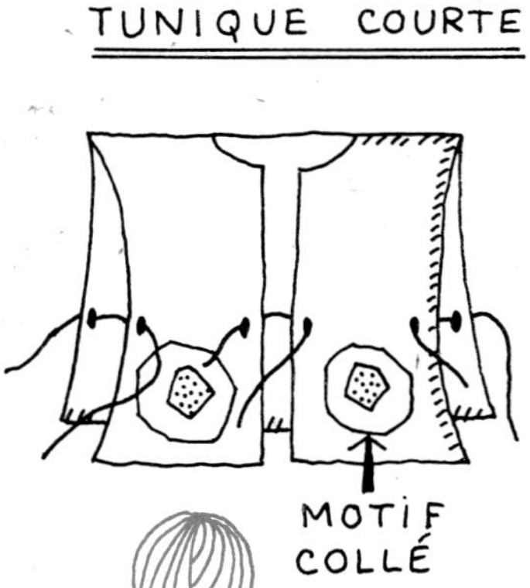

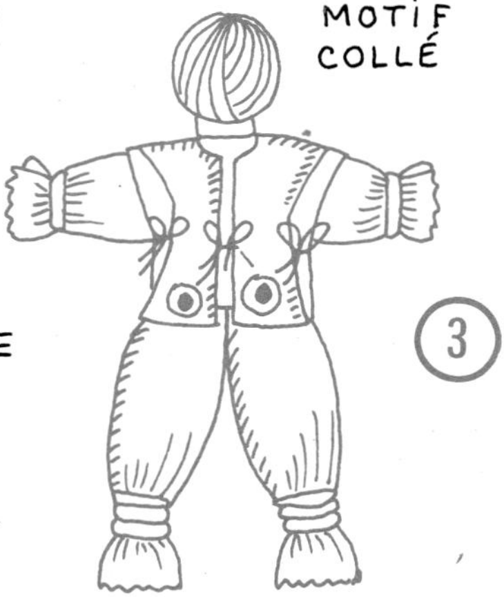

ENCOLURE

DEVANT

TUNIQUE LONGUE

DOS

TUNIQUE COURTE

MOTIF COLLÉ

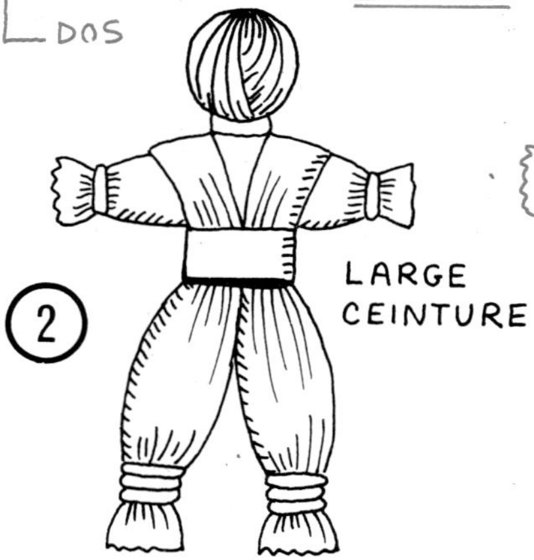

LARGE CEINTURE

POSE DES CHEVEUX

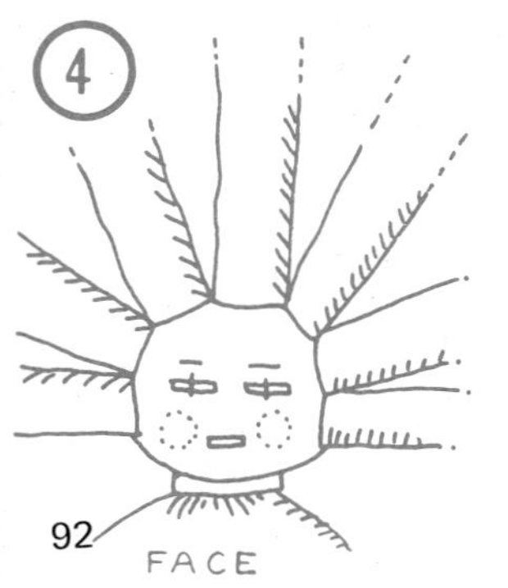

- Avec les pans de la tunique recouvrir les jambes et ligaturer au-dessus du pied.

LA SECONDE TUNIQUE

C'est une sorte de kimono décoré et attaché sur le devant et les côtés par des rosettes de couleurs différentes.

- Découper un rectangle de papier crépon moins large que celui utilisé pour la tunique longue.
- Découper l'encolure et le devant (voir dessin).

- Dans du papier crépon découper des petites pastilles de plusieurs couleurs, de 1 ou 2 cm de diamètre.
- Les coller sur le devant de la tunique.
- Placer le vêtement sur la poupée.
- Sur les côtés de la tunique percer 4 trous et passer un brin de laine pour marquer les emmanchures.
- Percer également 2 trous sur le devant et passer un étroit ruban de papier crépon pour fermer le vêtement (3).

LES CHEVEUX

Ce sont de petites lanières de papier crépon noir, coiffées ensuite en chignon natté.

- Découper des lanières de 2 cm de large sur 15 cm de long dans du papier crépon noir.
- Les coller sur le devant, suivant la ligne du front, et derrière au-dessus de la nuque (4 et 5).
- Réunir ces lanières au sommet et former une tresse (6).
- Faire le chignon en recourbant cette tresse sur le sommet de la tête.
- La fixer avec un petit ruban de papier crépon noir (7).

LA POUPÉE RUSSE

Voir photo **page 66**.

Réalisation

Il s'agit toujours de la même technique : la figurine se construit exactement de la même manière que les poupées précédentes mais ici le châle de la fermière est remplacé par un corsage qui est fait comme une petite tunique.

Par contre le costume et la coiffe d'apparat varient selon le goût et l'imagination de chacun.

Plus la robe, le tablier et la coiffe seront ornés

de fleurs, plantes ou oiseaux de papier crépon, plus la poupée prendra de l'allure.

LES FLEURS DECOUPEES

- Dans de petits morceaux de papier crépon découper la silhouette très stylisée d'une fleur, d'une feuille (diamètre 1,5 cm ou 2 cm).
- Dans une autre couleur de papier crépon découper des petites pastilles rondes et ovales, de 0,8 cm ou 1 cm.
- Avec un point de colle fixer une pastille au centre d'une fleur.
- Parsemer de fleurs le bas de la jupe et le tablier.

LES CHEVEUX

- Sur le sommet de la tête coller 2 tresses exécutées dans une seule bande de papier crépon.

LA COIFFE

La coiffe des jours de fête se compose d'une multitude de très fins rubans de papier crépon, de toutes les couleurs :

- Découper une quinzaine de bandes de papier crépon de 12 ou 15 cm de longueur et de 3 ou 5 mm de largeur.
- Assembler tous ces rubans à une extrémité par un petit point à l'aiguille.
- Les fixer sur le sommet de la tête avec une épingle enfoncée.
- Maintenir le « chapeau » avec un point de colle. Il est formé par une petite fleur de 2 ou 3 cm de diamètre, découpée dans du papier crépon.

table des matières

Imprimé en Italie
Poligrafico G. Colombi S.p.A. - 20016 Pero (Milano)
N° d'édition F 76028 - Dépôt légal 4e trimestre 1974
ISBN 2-215-00005-8